Dialoguer en poésie

Recueil
2021

Préface

« La Poésie, pour peu qu'on veuille descendre en soi-même, interroger son âme, rappeler ses souvenirs d'enthousiasme, n'a pas d'autre but qu'Elle-même ; elle ne peut pas en avoir d'autre, et aucun poème ne sera si grand, si noble, si véritablement digne du nom de poème, que celui qui aurait été écrit pour le plaisir d'écrire un poème »

« Ainsi le principe de la poésie est, strictement et simplement, l'aspiration humaine vers une Beauté supérieure »

Charles Baudelaire

L'Association « Dialoguer en poésie », présidée par Pierre Léoutre, a lancé ce concours pour permettre à des inconnus qui écrivent des poèmes de figurer éventuellement un jour dans un recueil de poésie et d'être lus par une multitude.

Vous avez été très nombreux à proposer des poèmes de qualité et souvent d'une grande originalité. Nous en avons reçu environ deux cent cinquante, de toutes les régions de France et même de l'étranger, notamment de Belgique, d'Allemagne et d'Afrique.

Le jury composé de quatre personnes, lecteurs et écrivains de poésie, a fait ses choix en se basant sur plusieurs critères, dont, entre autres, le respect du règlement et de la langue française d'abord, mais également et surtout la préférence du cœur. Ce dernier paramètre, à la fois certes subjectif mais également incontournable, permet au jury de rester souverain sans avoir à donner d'explication quant à la sélection des textes présentés ici. Il était exclu de faire un recueil de plus de trois cents pages, style fourre-tout, il fallait donc faire des choix ! Pardon aux laissés-pour-compte que nous remercions vivement de leur participation !

Lectoure, ville culturelle renommée dans le Gers et bien au-delà, s'enorgueillit de faire participer tout un chacun aux multiples facettes de l'art. Et ce, par ses différentes manifestations nourries par le théâtre, l'été photographique, les festivals littéraires et autres événements nombreux.

Cependant, la poésie donne parfois l'impression d'être la parente pauvre de la littérature. Peu lue, peu comprise, ses ventes sont dérisoires à côté de celles du roman. Pourtant notre monde moderne, coincé par des contraintes de plus en plus sévères, a besoin plus que jamais de la folie et de la liberté de la poésie. Alors j'ai envie de vous dire ceci :

De la poésie, bon sang !

Notre vieux monde souffre, étouffé sous le joug
Du despotisme imbu de pensées oppressives,
Les démons orchestrés nous veulent à genoux,
Le chaos se dessine, il faut trouver l'esquive.

La poésie nous manque à la table du monde
Pour remettre l'humain tout nu dans la nature
Et convier les fantasmes à entrer dans la ronde,
Afin de proposer de nouvelles lectures.

Il faut creuser l'ailleurs sans image héritée,
Oser la transgression, renverser les symboles,
Retailler un demain pas encore inventé
À l'aide d'un scalpel animé d'idées folles.

Le vivre en poésie se veut aventureux,
Il invente la vie alors qu'il la découvre,
Il cherche le regard, le geste généreux,
Pousse du pied la porte avant qu'elle ne s'ouvre.

Questionnons l'incroyable et même l'impossible,
Le ressenti des corps et celui de nos âmes
Pour accrocher nos flèches à de nouvelles cibles,
Violer l'ordre fermé d'un insolent sésame.

Conjurons l'anxiété, qui au loin se profile
En jonchant de couleurs le chemin de nos pas.
L'avenir du vivant ne tient plus qu'à un fil,
Il sera poétique ou il ne sera pas !

Gérard Pinson

Plus beau, plus grand, plus fort

Que toutes les naissances, que l'or des têtes blondes,
Que la première danse, que la Perle du Monde,
Que le bonheur de mai, qu'un cerisier en fleurs,
Qu'un accord trop parfait, que l'ultime lueur,

Que le bleu de la Terre, que la voûte perlée,
Qu'une aurore polaire, qu'un rêve apprivoisé,
Que l'exploit du héros, que la pluie des déserts,
Que cent mille bravos, que la fin d'une guerre,

Ton retour, mon enfant, c'est ma vie qui commence !
Ne plus perdre de temps, rattraper ton absence,
L'écorce enfin brisée par le flot de tendresse,
Mon vieux cœur réparé explose de jeunesse.

Le vase recollé sait comme il est fragile,
Son passé fissuré, sa force aux pieds d'argile.
L'amour rafistolé, plus vrai que l'amour lisse,
Par l'attente creusé, reçoit tous les délices !

Agnès Doligez

Une vie à deux

Folles différences,
Intenses, intenses,
Nous les danserons.

Tendres différences,
Romance, romance,
Nous nous marierons.

Grandes différences,
Patience, patience,
Nous les dompterons.

Belles différences,
Confiance, confiance
Nous nous accordons.

Mais ces différences,
Silence, silence,
Nous nous observons.

Tant de différences,
Distance, distance,
Nous nous éloignons.

Trop de différences,
Souffrance, souffrance,
Nous nous séparons.

Chères différences,
Absence, absence,
Nous nous retrouvons !

Agnès Doligez

2020

Depuis ma fenêtre,
Je cherche des yeux la lumière,
Celle qui saura m'éclairer
Et me rendre de la gaité.

Les jours surannés,
Ne sont pas oubliés.
Ils abîment nos souvenirs
Mais sont nécessaires.

Une époque révolue,
Qui nous rend nostalgiques
Et des règles strictes,
Qui rythment nos journées.

Tout est insipide et morne,
Les rues sont vidées.
Seuls les bruits dérangeants
Des fantômes persistent.

Les heures passent,
Les minutes défilent,
Les secondes perdurent
Et le temps s'éternise.

Mon esprit est lassé,
La mélancolie lutte
pour ne pas me pénétrer
Et obscurcir mes pensées.

La solitude me dispose
Mais je ferme les yeux
Je m'attache au temps
Qui s'en va précipitamment.

Tout me revient doucement
Je garde une cicatrice
Des moments esseulés
Qui sont à tout jamais gravés.

Alexandra Chaize

Ricochets

Souvent je viens le long de ces rives
Aux galets familiers
Je me plais au jeu des ricochets
Les faire voler de plus en plus loin

Comme eux, je tente d'effleurer l'intangible
Troubler un instant
Par la pierre de mes mots
La surface des choses

Élancés dans un vol éphémère
Avec envie je compte leurs rebonds
Luttant pour vivre leur rêve
Instant de pierre fugitive

Quand leur course folle prend fin
Seule reste une onde fugace
Vagabonde née de leurs sursauts
Qui s'écoule insouciante

Elle part lentement vers d'autres rivages
Emportant ses reflets
Ses mille petites ondes lumineuses
Se perdent avec mes pensées

C'est là sur les rives de l'Enfance
Que j'en trouve le plus
Là où pousse la fleur de mes mots
Entre leurs formes douces et rondes
Je n'ai qu'à tendre la main

Et je me lance...

La descente

Soudain le hublot se ferme
Leur claquement sourd
Martèle le départ
Qu'on attendait
Sans jamais connaître
L'instant exact
Où l'immobile vaisseau sursaute
Glisse en douce sans jamais retomber

La voilà balbutiante
La descente

Par-delà la vitre close défile sans fin
Le voyage immobile
Le lent lit des lieux-dits
La galerie des curiosités qui passent
Hermétiques au regard

La buée trouble lentement la vue
Me reste le renfermé
Et l'humide qui m'imprègne
De son goût de fer froid
Et de fièvre inanimée
Coulant de fatigue
Dans la pente du soir

À la longue traversée du pays de Patience

Apiculteur

Je m'approche et t'ouvre doucement mes bras
Ton alcool de miel coule et m'enivre
Telle une absinthe évapore mes pensées

Continue. J'en veux encore.

Tes bourdonnements me donnent la fièvre,
Ta ruche d'ouvrières aux atours dorés
Me susurre à l'envi ses mille petites morts
Aux pointes dressées
Quand j'attaque ton repaire en silence
Ta taille s'abandonne, ultime
À la chaleur aiguë de mon corps

Continue. Encore.

J'approche de ton cœur alvéolé
Où mon plaisir s'agglutine
Tu piques et tu t'enfuis,
C'est fini.
Doucement je reste
Récolter ce que je peux de toi
Âme ivre à me piquer de vivre,
Ta ciguë brûle en moi

Continue.

Comme l'insecte attiré par la lumière
Je viens m'écraser sur ta chaleur noircie
Prise au piège des guêpières
Mon âme crépite à ses désirs perdus

Encore

Alexis Balloy

Vie antérieure

J'ai déjà été ici.
Goûté ce délicieux riz.
Vu ces hommes aux cheveux noirs,
Prier près des encensoirs.

J'ai déjà senti cette brise,
Faire sur ma joue une bise ;
Apporter dans son sillage,
L'odeur safranée des sages.

Mes pas ont déjà foulé,
Cette terre rouge crevassée.
La chaleur sèche de ce lieu,
Tanne la peau des êtres pieux.

Et au pied de la colline,
Y résonne la même comptine.
Vestige de ce qui s'oublie,
D'où mon âme s'est évanouie.

Alicia Galli

Passion

Mon cœur est sec comme la terre en été ;
Aride, tari par l'astre incandescent.

Dame, jamais plus je ne saurai aimer,
Mon cœur est mort par ce dernier amant.

Mon corps lui appartenait tout entier,
Il se faisait lascif pour l'accueillir ;

Si brûlant de désir pour ma moitié,
Mon corps vibrait, chancelait de plaisir.

Mes sens émoustillés par ses caresses,
Douce volupté éphémère et secrète.

Et là, assaillit d'émotions diverses,
Mes sens cédaient à cette jouissance muette.

Ma vie, épave rattachée à ses berges,
N'a de valeur que lové dans ses bras.

Par un funeste présage dans le ciel vierge,
Ma vie perdit raison et s'altéra.

Mon âme, qu'il ravit sans ma permission,
Puisqu'il s'amusait de mes sentiments ;
Tout lui était factice dans cette union.
Mon âme, d'elle ne resta qu'un trou béant.

Alicia Galli

D'une façon ou d'une autre

D'une façon ou d'une autre
il faudra bien aller vers l'Autre
Qu'il soit bandit ou bien apôtre
Qu'il dise jurons ou patenôtres

Aller vers l'autre
Abolir les frontières, leur dire, je ne suis pas des vôtres
Vous ne m'arrêterez pas, j'ai un sentier autre
Je dois rejoindre l'Autre

Si vous pouviez le temps d'une respiration
Le mot Fraternité en faire belle affection
Trouver un couloir
Qui vous guidera vers le mot espoir
Ouvrir la porte au verbe pouvoir
Pouvoir à la même source boire
Pouvoir à toutes les guerres surseoir

Dessiner avec une même encre
L'ancre qui vous reliera à la Terre
Et vous fera devenir Frère
Avec les Hommes
Tous les Hommes

Enfin, vous rencontrerez l'Autre
Le bout de ses doigts vous caressera
Vous ensemencera
Vos blessures calmera
Votre peur partagera
Entre vous la confiance naîtra

Les murs ne seront plus si sûrs
De pouvoir s'opposer à vos murmures
Murmures de tendresse
Désir d'habiter à la même adresse

17

Bulles

Tous les soirs
Mon voisin me susurre une poésie
« Tu comprends, me dit-il
En moi se baladent des bulles
C'est comme une musique
Elles tintinnabulent
Puis éclatent
Libérant chacune un mot
Ces mots dansent virevoltent
Puis forment une poésie
Cette poésie s'insinue au plus profond
De mon corps, de mon cœur, de mon âme
Je suis dès lors obnubilé par
Sa douceur, son parfum
Ses caresses
C'est comme une invitation au voyage
Comme un appel du grand large
Mon corps et mon esprit bouillonnent
Ils sont parcourus d'ondes chaudes, de tremblements
Est-ce dangereux
Mais c'est si doux
Surtout
L'appel du grand large
Quitter la marge
Revenir en pleine page »
Avec mon voisin
J'apprends une poésie
Je largue les amarres
Tous les soirs

André Fornelli

Dans la favela

Dans la favela
Il n'y a jamais de haut
Il n'y a que des bas
des bas-fonds
des bas de gamme
des ciels bas
Dans un quotidien de violence
Difficile d'avoir la moindre espérance
Sur le sol aucun pas de danse
Seule la mort d'un pied sur l'autre se balance
Apprendre à vivre avec sa solitude
Sauver sa peau devient une habitude
L'éclat des étoiles pour ultime féerie
Croire encore en leur magie
Espérer changer de vie
Nul besoin de bagages
Ouvrir en grand la porte du voyage
Dans la favela
Il n'y a jamais de haut
Il n'y a que des bas
Des bas-fonds
des bas de gamme
des ciels bas
et déchirant l'espace en fracas
des balles provocant le trépas

André Fornelli

Sage

Ma mère m'a mise au monde
Elle, la pudibonde !
Mon père recolle les morceaux
Ne se fait pas de vieux os
Lorsque les premiers copains
Me courant après au fond du jardin
Ont brisé mon cœur en hiver
Car naïve et sans repères
Je me suis laissé faire
En rêvant qu'un beau jour
À force de bravoure
Je tomberai sur celui
Qui m'offrira sa vie
Sans a priori, sans un seul repli.
Car des risques, j'en prendrai
Pour des gens bien nés
La vie ne fait pas de cadeaux.
Des ennemis, j'en aurai sur le dos
Et pour vaincre
Il me faudra convaincre
Que je le vaux bien
Que j'ai grandi
Puis ai mûri
Avec courage
Suis-je devenue sage ?

D'Issy et d'ailleurs

Ma vie prend un nouveau départ
Ce jour où j'atterris à Orly
Loin derrière moi Madagascar
Devenu un « ailleurs » honni.
La tête pleine de rêves
Je fais fi de ma crève.
Ailleurs, j'ai vécu en princesse
Mais ici, m'attend une vie de stress
Finis les sequins, les paillettes et le strass.
Je pensais vivre le meilleur
Pouvoir rouler à cent à l'heure.
J'ai longtemps rêvé d'ici
À Issy où le cœur de Hugo frémit.
Issy, à mille lieues de là-bas
Si fort que l'idée jamais ne m'effleura
Qu'ici, on voudra refermer les bras
Sur mes luttes et mes combats.
Comme si ma destinée
Dépendait de leurs desiderata.
Ils ont ainsi anéanti mes projets
Concoctés depuis de si longues années
En me replongeant dans un ailleurs
Qui ne me tient plus à cœur.
Mais dans un contexte différent
Peut-être qu'ils me reprendront
Quand j'aurai fait mes preuves
Et que cette obligation de quitter le territoire
Ne serait qu'une épreuve
Avant que les propositions ne pleuvent.

Mialy Andriantsimahavandy

21

Idylle

J'étais à mille lieues de penser
Que ce jour tant désiré allait se réaliser

Jusqu'ici, je voulais précipiter le temps
Tant je le trouvais lent
Je voulais qu'il me mène au plus vite
Vers l'autonomie, vers la vraie vie

Il a fallu ce matin
Pour qu'il se manifeste enfin

Et voilà qu'il monte en moi ce désir
Trop brusquement peut-être
Il va falloir le contenir

Surtout ne pas le brusquer, mais l'apprivoiser
Pour le lui offrir au moment opportun

Retenir le temps, retenir la fougue
Pour le lui offrir tout en velours

Feindre de la dévisager comme un objet de désir
N'est point une idée à retenir
Il faut vivre ce désir comme un présent

Retenir le temps qui file
L'emprisonner dans l'étreinte
Pour ne point me défaire de cette autre étreinte
Pour ne point briser le lien
Qui lie mon cœur au sien

Tu as ensoleillé l'été de mes dix-sept ans
Tu as illuminé quelques jours de mon adolescence
Noyée dans trop de tourments

Ce présent est une offrande
À ce bel amour d'été
À mon premier amour, à mon amante
Je garde en moi son doux parfum pour l'éternité.

Arnaud Petit

Crayon de bois

C'est la mine de mon crayon de bois
qui dessine mes intuitions, des fois.
C'est la mine de mon crayon de bois
qui dessine les actions de mes doigts.

Tracer des traits tracer des courbes
faire des figures avec respect.
Tracer des lettres, jamais trop lourdes
des mines dures, le trait parfait.
La feuille crisse elle n'est pas sourde
pas de bavures, le mot est fait.

C'est la mine de mon crayon de bois
qui dessine mes intuitions, parfois.
C'est la mine de mon crayon de bois
qui dessine les actions de mes doigts.

Je prends modèle, là, devant moi,
les perspectives juste respectées.
Je suis fidèle à ce que je vois,
toutes tentatives peuvent s'effacer.
La pointe c'est elle, qui fait ma joie
je peux poursuivre sans appuyer.

C'est la mine de mon crayon de bois
qui dessine les actions de mes doigts.

Inspiration

Mais comment peut venir l'inspiration.
Si vraiment tu trouves quelques liaisons,
entre les pensées et l'évasion,
entre l'idée et la réflexion.
Partir de rien et remplir une page
de mots que tu tiens et faire un assemblage.
Arriver à un lien pour créer une image
être le comédien qui écrit et partage.
Réfléchir et choisir chaque mot déposé
et toujours relire toutes phrases effectuées
parfois laisser mûrir un texte ou un phrasé
et des fois revenir après un temps passé.
Savoir être critique pour un mot mal placé
pas tomber en panique de pas y arriver.
Si tu restes sceptique d'un mot mal arrimé
recherche le magnifique et trouve la beauté.
Rêver, rien s'interdire, dans tous ses écrits,
pouvoir arrondir, le mauvais et les cris
et toujours embellir les tracas de la vie.
Jamais j'aurais pensé écrire des poésies

Bernard Lhuillier

25

De trop

Situation étrange que celle du paria
De celui qu'on évite ou qu'on met de côté
Étrange attitude de celui qui exclut
Qui médit et induit en miroir
Influence sans limite le jugement meurtrier
Dominant orgueilleux et sûr de son pouvoir
Inflexible grand chêne contre souple roseau
N'est pas César qui veut !
L'un face à l'autre ou à côté plutôt, présent absent
Aux attaques sournoises succèdent les silences...
Le cœur qui palpite de ne pas exprimer
La colère, la tristesse de se voir banni
La parole libère oui mais...
Se défendre pour quoi dire ?
Alimenter le feu des sorciers à l'affût ?
Par l'argument de trop, par la parole qui tue ?
Qui tuera... qui servira de lame...
Pour un retour de manche, une mise à genoux.
Non !....Éviter les ornières, les pièges des non-dits
Et apprendre à se taire pour tarir le flot
Du venin de guimauve, des sourires ennemis
Contourner les écueils et les paroles putrides
Se taire... mais se montrer... laisser le temps passer
Occuper le terrain malgré le cœur meurtri
Ne jamais laisser dire, s'affirmer sans faiblir
Et maintenir le cap
Ne pas baisser la tête, regarder devant soi
Rester le maître à bord
Capitaine du vaisseau de sa vie
Déplaire avec panache
Exister et puis vivre...
Accepter le chemin plein d'embûches
Attendre patiemment le printemps des promesses
Se lover dans sa ruche et nourrir ses richesses.

Catherine Le Bris Lebrica

La drôle de vie

Il n'y a plus de sourire dans les rues de la vie
Les commerçants ont fermé, les musées aussi
Trop de perles de pluie sur les trottoirs ternis
Plus un bruit, seul celui du désespoir aboutit

Les rêves ont trop vite disparu de la circulation
L'argent ne brille plus dans aucune des maisons
Se voir, se toucher est devenu une interdiction
C'est ce foutu virus qui nous fait péter un plomb

Qui aurait pu prédire une telle catastrophe ?
Même avec une bonne volonté, on s'apostrophe
Le confinement aura bouleversé des centaines de profs,
Restaurateurs, hôteliers, maintenant sur le bouton off

Confinement, déconfinement, plus personne ne comprend rien
Mais un jour ce virus aura bel et bien une fin
Savoir être patient tout en se protégeant des siens
Sans que la paranoïa ne gagne du terrain

Cécile Bossu

Méfiez-vous de l'oiseau

En ce paysage désert, le merle siffle les petits
Sur cette image de pic-vert qui rit des rifles alanguis.
La loi du chérubin perdu que méconnaissent les balles,
Envoie le pingouin ambigu pour qu'il perce notre idéal.

Chaque épervier a envahi l'école et ses récréations,
Les cahiers se sont donc emplis de colles et d'interrogations.
Le professeur reste orphelin, barré d'enfants en évasion
Puisque plusieurs poussins pipés veulent stopper les institutions.

Dans les rues emplies de vide, les chiens promènent leurs maîtres,
L'oiseau balbutie avide en doyen qui saigne nos têtes.
Le réseau des villes veille autour de silences traîtres
Près de grues hostiles en éveil, le compte à rebours s'endette.

Cette vie caoutchoutée de gants trottine en boutique,
La perdrix s'est vue shooter les glands de vitrines critiques.
Les tabourets des restaurants se régalent des disparus
Devant le perroquet causant qui parle aux oreilles vaincues.

Le vent tourne dans les jardins, les rayons de vélos sans roue
Quand les paons séjournent badins, les baillons du complot se joue.
Les squares restent claquemurés par crainte de sentiers masqués
Devant le canard illustré d'empreintes niées et truquées.

Le rétroviseur se vêtit de masques colorés et blancs
Près de ce butor qui butit et emmasque les faux-semblants.
Les voies bondées d'absence guettent une étreinte lors d'escales,
Les oies créent une danse discrète où suinte le scandale.

Le cadran de l'heure a gravité sur des aiguilles à l'arrêt
À cause d'un goéland qui leurre et s'éparpille en secret.
Les poules tombent le masque, gouvernant à mauvais escient.
La foule plombe les fiasques devenant des êtres conscients.

Océane

Coule sur ses joues l'air d'une chanson salée,
Une houle qui joue un son inégalé.
L'écoute vocable que les flots procurent
Découpe l'insondable eau d'éclaboussures.

Cette berceuse rythmée apporte un doux bruit
De mère heureuse écumée, morte dans l'esprit.
Le confort dans sa chair face à l'horizon or
Dévore et libère sa prison sémaphore.

Les pieds massés de coquillages concassés
Conduisent un sillage vers une autre odyssée.
Se noyer brassée dans cet antre d'eau vide,
Électrise ses saveurs océanides.

Le corps drapé de gouttelettes sur la peau,
Accorde une échappée de paillettes sur l'eau.
La lame affiche l'éphémère de l'éveil
Quand son âme niche en cette mer vermeille.

Munie d'une dague, elle ploie sous le faix lointain
Et parmi les vagues se défait de ses liens.
L'ouïe investit de mélodieux clapotis
Éblouit le lieu quand l'océan l'engloutit.

Claire Prevoteau

Clouds

Pensées en cavale
qui ne reviennent jamais
traversent l'air clair
pour mourir ailleurs
Plonger dedans
comme dans le sommeil
au grès de vents rouler vers l'horizon
sans poids sans rien
perdu dans l'infini

Éclater en plein vol

Éclater en plein vol
émerger nu
laissant derrière soi
des débris d'étoiles
je redeviens ce que j'ai toujours été
À corps perdu
danser le rêve excessif
Le vent d'avril me poursuit
me pousse vers un bleu d'outre-mer
vers d'autres nuances
d'un ciel infini

Respirer seul

Bruit léger dans la nuit
rêves oubliés passent en courant
éperdus ivres s'éloignent
poursuivi par l'aube incertaine
vol aveugle vers les gouffres sans fin de l'âme
le ciel pâlit tout doucement
dans la nuit douce de février

Cristiana Rospigliosi

Liberté chérie

Oh ! divine liberté ;
De ton cœur délaissé
Pris dans ce cercle vicieux ;
Nous ne sommes plus heureux.

Hors de nos habitudes,
Emplis de solitude ;
On essaie d'en sortir
En songeant d'en finir.

Le temps court, semble très long.
Bientôt d'autres le feront ;
Et alors nos prières
S'entendront sur cette terre.

Daniel Ayala

Ayez pitié !

De nouvelles médailles,
De nouveaux honneurs,
De nouvelles batailles,
De nouveaux pleurs.

De beaux monuments,
De belles églises,
De beaux serments,
De belles prises.

Éternel recommencement ;
De tant d'années de prières,
Éternel recommencement ;
De tant d'années de guerres.

Daniel Ayala

Charlie au paradis ?

Mort sous peu
D'une rafale dans le dos
Je faisais la queue
Devant les portes de Saint-pierre
Au milieu de 17 congénères
Ne sachant de l'Enfer ou du Paradis
Quelle serait ma porte de sortie
Quand bousculant le protocole
Deux hommes armés
La cagoule ensanglantée
Morts sous peu
Hurlaient tout de go
Qu'ils avaient la priorité,
Persuadés qu'au Paradis
Leur place était réservée,
Que des milliers de vierges
Lasses d'enfiler des cierges
Sauraient les récompenser.
Mort sous peu
Envoyé en Enfer
Au royaume de Lucifer
Comme tant d'autres mécréants
Je me pâme au milieu des flammes
Dans la luxure et la débauche
Chauffé au plus près des Harpies
Des vicieuses inassouvies,
Et je plains tous ces martyrs
Que la mort a réunis
Dans les bras de vierges ébahies,
Des grenouilles de bénitier
Des saintes-nitouches effarouchées
Où la fantaisie n'est certainement pas le pied.

Daniel Sue

33

Le monde est trop petit

Le monde est trop petit
Qu'est-ce que c'est beau
Qu'est-ce que c'est beau
L'intense baiser de son front
Dans nos cœurs si profonds
Ce pot-au-feu qui brûle en nous
Tel un monstre trop doux
N'allume que l'infime odeur
De nos corps en chaleur
Le monde est trop petit
Qu'est-ce que c'est beau
Qu'est-ce que c'est beau
Le voyage avec lui et l'incertain
Chemin que nous lège le destin
Et l'inconstance des jours
Face aux défis et l'amour
Notre parchemin...

Dègbégnon Cébastien Arissoun

Roulez jeunesse !

Sur l'éternité d'une onde
Toutes et tous nous allons
Ce que fiers nous installons
Dans un beau toujours abonde...

Va le présent fantasmé
Ivre d'un utifutile
Sans voir le temps volatile
L'Homme est enthousiasmé...

Va demain qui s'imagine
Dans un futur évident
Qui gambade s'évadant
Porté d'un shoot d'endorphine...

Les siècles sont suspendus
Pourtant tourne le manège
Aujourd'hui se désagrège
Sans voir ses malentendus...

...

Le manège nous éjecte
Soudain mis sur le côté
Le rêve meurt avorté
L'avenir nous déconnecte...

Les mêmes ?

À l'école maternelle
Un timide un autre pas
Un sourire une grimace
Un docile un qui fait face
Des grognons et des sympas
Cela bien sûr interpelle...

Au travail à l'entreprise
Un timide un autre pas
Un sourire une grimace
Un docile un qui fait face
Des grognons et des sympas
Cela bien sûr s'analyse...

À la maison de retraite
Un timide un autre pas
Un sourire une grimace
Un docile un qui fait face
Des grognons et des sympas
Cela bien sûr se répète...

Cette éternelle évidence
Cherche des mea-culpa
Fait réfléchir et tracasse
Le doute nous dédicace
Un parfum qui s'échappa
D'un bouquet d'évanescence...

Didier Colpin

Histoires de femmes

J'aime les objets et les fleurs,
De la vieille malle avec son odeur
De la rose à la pâquerette
C'est toujours aussi chouette.
J'aime la musique et la danse,
J'en éprouve un réel émoi.
C'est ainsi depuis mon enfance
Elles vibrent toutes deux en moi !
J'aime le dessin, la peinture
Crayonner le pastel à mon gré.
Et le plaisir qu'il me procure
Se mesure à un tel degré !
J'aime beaucoup la poésie
Cela représente l'émotion
Qu'elle soit classique ou fantaisie,
Elle apporte un peu d'illusion.
C'est mon côté un peu bohème
Tous les arts me passionnent tant
Que je ne peux pas en un poème
Vous dire tout... et pourtant.

La vie, c'est le bonheur

Tu sais toi la vie, c'est le bonheur
J'ai aimé le soleil, le ciel en cœur.
J'ai aimé la lune, les belles nuits en pleurs.

J'ai aimé les enfants si beaux et joueurs
Qui parlaient des jeux et de bonheur.
J'ai aimé leurs sourires rêveurs.
J'ai aimé leurs regards charmeurs.

J'ai aimé les gens avec chaleur
J'ai aimé les voix des chanteurs
Qui parlaient de la vie à l'honneur.
J'ai aimé la vie, quel bonheur !

Je n'ai pas aimé la maladie, Quel malheur !
Pour se sentir mieux pour le meilleur
Pour être heureux comme une fleur
Pour être poète mais pas conteur.

J'ai aimé les gens avec vigueur,
Aux regards heureux et douceur.
J'ai aimé les gens avec un cœur.
J'ai aimé les gens et leurs consœurs.

Monique Hiron

Comptons et dansons

7 moi, la reine du tempo !
Dans le verre, 3 doigts de porto !

5 entrechats à droite,
J'ai les aisselles moites ;
2 dents de souris à gauche
Le canapé est bien trop moche.

La grâce est avec toi !
100 ce parfum, dis-moi !

8 toiles d'araignée aux 4 coins
32 pas, ce n'est pas bien loin ;
4 allers-retours à cloche pied,
Ma chaussure est restée sous l'évier.

Rajoute 1 ongle de muscade.
Verse par petites saccades.

5 saute-mouton bien enlevés,
Adieu loulous accumulés.
6 tu veux m'accompagner
Tu vas devoir chanter

1, 2, 3,
À ta santé je bois.
4, 5, 6,
Adieu, les soucis,
7, 8, 9,
Tu seras tout neuf
10, 11, 12,
Je serai jalouse !

Dominique Lanvier

Du fracas au désordre

de la pulsion à la syntaxe / de la notion à l'abstraction /
du mystère à l'impulsion

de l'amour à l'imaginaire / de la préface à la chimie /
de l'alchimie à l'extase

de l'ardeur à la grâce / du dehors à l'image /
de l'esprit à l'esprit

de la matière au réel / de la poussée à l'échappée /
du désir à l'impuissance

de la dévoration au sublime / de l'être à la vertu /
de la béatitude à la récompense

du spirituel à la douleur / du mensonge au langage /
de la parole aux actes

du consensus à la réflexion / de la comédie au jaillissement /
du sacrifice aux profondeurs

du croisement au poème / du possible au gouffre /
de la conscience à la secousse

du cri à l'existence / de la naissance à la confusion /
de l'innocence au savoir

de l'espace à la terre / de l'exigence au pardon /
de la vérité à la libération

de l'épuisement à la mesure / de l'illimité au plaisir /
du cauchemar au céleste

du chaos au désastre / du pluriel au singulier /
du cosmos au désespoir

de la distance à la distinction / du manque à la mémoire /
du détachement à l'arrachement

de l'impénétrable à l'enjeu / de la pénétration à la résistance /
du recueillement à la lumière

du fracas au désordre / du pouvoir à l'extravagance /
de l'appétit à la ferveur

du passage à la limite / de l'intime au sacré /
de l'absorption à la mort

de l'énergie à l'expansion / de l'élan au corps /
de la force à l'infini

de la fiction au monde / de la réalité à la présence /
de l'univers à l'absence

de l'animal à la destination / du but à l'expiration /
du bord à l'errance

Émeric Gilbertas

Le lierre enroule l'amour

C'est un si beau dimanche
Des fines gouttes de nuit
Dans ses milliers de branches
L'hiver dans son nid
Le lierre enroule l'amour
Dans ses bras de velours

Aux portes des confidences
Près du vide en arrière
Grimpent les évidences
Sur le mur de pierre
Le lierre enroule l'amour
Dans ses bras de velours

Il se drape en silence
En spirale d'argent
Toute la transparence
Lie le corps des amants
Le lierre enroule l'amour
Dans ses bras de velours

Ses lianes rassurantes
Ses murmures d'ombelles
Disent les apparences
Rendent la vie plus belle
Le lierre enroule l'amour
Dans ses bras de velours

Emmanuel Travier

Tout un monde secret

Mon poème est une cigale aux pieds légers.
Il tourne et se tient fermé dans toutes les bouches
mais ne chante que dans une seule, la tienne...

Trois gouttes de pluie tombent sur mon livre ouvert.
Dans sa vaine attente le ciel assure son bleu.
Je n'ai plus faim, je ne finis pas la page...

Au jardin où j'aime embrasser,
l'envol de la chemise par-dessus la nuque,
les épaules, les bras, secoue dans le vent
sa fumée de paquebot...

J'ai prononcé ton nom qui était nu.
Mais pour m'avoir aussitôt échappé
je le frappais sur l'angle de la pierre
encore et encore, le poursuivant jusque
dans l'ombre de tes mains...

Je me souviens nettement de leur blancheur
de farine obscurcit jusqu'à l'angoisse
d'un grain de groseille...

L'or venait de plus loin, du côté des fruitiers
qui ouvrent les bras à la mitraille du ciel.
L'après-midi surchauffée vibrait sur place.
Tout un monde secret y dort sans douleur.

Fabrice Lacroix

Ouvre-toi au monde

Découvre le monde,
ses rayons, sa vie féconde ;
cours chaque seconde !

Francis L

Celui dont l'âme se prend pour un culbuto

Quand je vais bien - J'ai le sourire facile
J'ai la moue qui vacille - Les lèvres qui babillent

Quand je vais bien - J'ai le regard pas loin
Je m'arrime alentour – De la vie et des jours

Quand je vais bien - Mes pensées font la fête
Malgré la vie imparfaite - Ma peine reste muette

Quand je vais bien - Je colore le monde
D'une joie furibonde - De mes idées facondes

Mais pour demain - Je ne promets rien
Mon cœur oscille souvent - Entre la pluie et le beau temps
Mais pour demain - Je ne promets rien
Mon cœur oscille à l'envi - Entre le beau temps et la pluie

Mais...

Quand je vais mal – J'ai le cœur animal
Je me cache effrayé – Au fond de mon terrier

Quand je vais mal – J'ai un petit moral
Je fuis le littoral – Poisson dans son bocal

Quand je vais mal – J'ai des envies de rien
Jamais je ne parviens – A changer de chemin

Quand je vais mal – J'espère que ça va changer
Sans m'en donner la peine – À quoi bon essayer ?

Mais pour demain - Je ne promets rien
Mon cœur oscille à l'envi - Entre le beau temps et la pluie
Mais pour demain - Je ne promets rien
Mon cœur oscille souvent - Entre la pluie et le beau temps

Celui qui voulait voir le ciel avec toi

Immuable est le temps passé sous l'orage
Gouttes salées qui dansent sur mon visage
Plic ploc alto *claquettant* dans le sillage
Des avions pris dans les embouteillages

Moteur caverneux d'une vie sans rodage
Un démarreur sans clé de sol n'a pas d'âge
La crasse mêlée au sang dans l'alliage
De ce cœur abattu lové dans mes rouages

Mais quid de ta présence dans les nuages ?
Tes ailes de muse, bises, sur mon fuselage
Que tes yeux havane prennent le pilotage
Montre-moi le Vif d'une vie sans trucage

Fais-moi écouter la voix de ton courage
Cœur fort de beauté, bienveillant camouflage
Tu es, le ciel bleu, celle qui me soulage
Sois toi, soigne-moi, rendons-nous hommage

François Pontoizeau

L'espoir

Lire
L'avenir
Dans les nuages
Inventer des moissons d'images
Aux couleurs de la nostalgie
S'abandonner à la magie
D'une vision qui nous submerge
Quand on avance sur les berges
De la nuit
Puis
Embarqués dans un rêve
Naviguer sans trêve
Par monts et merveilles
Et accoster
Entre sommeil et veille
Bercés par l'illusion étrange
D'avoir frôlé l'aile d'un ange
Qui
S'enfuit
Dans la voie lactée
En semant le contenu d'un vase merveilleux
Une pluie d'étoiles se répand dans les cieux
L'ange pose le vase sur le perron de lune
Et découvre tout au fond de l'urne
Un petit astre timide et fragile
Qui a trouvé asile
Dans le noir
Ce petit astre c'est l'espoir.

Oiseau de paradis

Le soleil
Rougeoyant
Dans le ciel
Du Levant

La mer qui se retire
Sous les pas de Moïse
Sauvé des eaux
La montagne Eynali
Au-dessus de Tabriz
Le sang de la bête
Après l'hallali
Le vin de la fête
Qui monte à la tête
Le glaive flamboyant
Du destin qui se brise
Sous l'œil du martyr
L'aiguille qui s'arrête
Au cadran de la montre
Rêve d'avenir torpillé
Par la menace fatale
D'un virus meurtrier
Et mon cœur de pirate
Coquelicot fragile
Dédale de pétales
Papillon écarlate
Aux ailes écartelées
Soulevées par le vent
Vestale sans flamme
Éternelle vigile
Du temps jadis
À la rencontre
De l'oiseau
De paradis
Mon âme
S'est envolée.

Poème avec pieds

Dans la salle obscure
Tu me fais du pied
Est-ce ainsi que Cupidon
Le va-nu-pieds
Change la destinée ?
Émoustillés
Par le décor
Glamour
De la salle de ciné
Nos ripatons
Qui la veille encore
Avaient la frousse
Du qu'en-dira-t-on
Soudain émerveillés
De leur propre audace
Quittent leurs godasses.
Heureux de prendre leur pied
Dans leur plus simple appareil
Nos arpions fous d'amour
Qui n'ont pas froid aux yeux
Dansent le rigodon
Et croisent les orteils
Pour que ce cor à cor
Plein d'indécence
Dure après la séance
En tout chemin en tout lieu
Puis tournant les pouces
Vers les cieux
Ils rendent grâce à Dieu
De n'être pas nés estropiés
Sans oublier bien sûr

De remercier   leur pédicure.

Frann Bokertoff

49

Boréale du potentiel humain,

Extasiant faisceau féerique du pôle ! ?
Douce, irradiante sensation que l'univers intérieur recherche...
L'incertitude vertigineuse, c'est la rencontre de l'interpole !...
Ce trou noir humain subtilise nos boréales idéales
sans qu'il les cherche,

D'évanescence en errance, à des années-lumière de notre essence...
L'arrière-goût de fiel inhibe le potentiel insoupçonné,
Grâce aux fausses aurores des hommes, déviances d'espérance,
Promesses de surhommes, planantes de clair-obscur inné ;

S'enivrer oui, d'infinies demi-teintes,
Mais ne voler qu'avec celles dont le climat fait vibrer !
Virtuelle illusion de liberté de penser, c'est déjà une teinte
De réalité, d'un désir très haut de s'élever, non de se cabrer ;

Ces Aurores Boréales, idéales ou humaines,
exaltent-elles avec une même ardeur ?
Une même candeur Universelle ?
Le Soleil et l'Univers nous émeuvent-ils d'un même bonheur ?
D'une même stupeur ?
Quel potentiel polyfacétise la Vie, nos cendres ou l'étincelle ?

Gilles Larroque « Gil de Ger »

Radié du ciel

Je suis un dieu radié du ciel par le soleil,
Cet autre dieu métamorphosé
En malédiction à l'endroit où régnait
Une rose,
Celle qui effrayait les grands arbres.
Ma dernière étoile est morte dans les gueules
Des nuages.
Peut-être la danse que j'arborais était
Volée aux fantômes, aux lémures ;
Voilà ! ils me recrachent au bord de marais.
Je cours, cours, et puis quoi ?
Je ne cesse de renaître.
Mais à quoi ça sert si c'est pour installer
À coups de couteau à viande,
Dans mes veines, cet autre fleuve bordel,
À la bave pesant la foudre, l'éclair ?
Le désespoir me recrache
Sur le barbecue de la nonchalance.
Je n'attraperai jamais la lune
Ni arrêterai cette pluie tropicale.

Graddy de Christine

L'ange...

Gestes ralentis, presque somnolents,
Visage fermé, sourires latents.
C'est un ange qui t'avait réveillé,
Sens en émulsions, bientôt énervés... !

La douceur produite, allait en ferveur,
Disant tout haut les chuchotés du cœur,
Ce fut pour toi une aube boréale,
Lèvres émues, ouverture d'opale... !

La nuitée s'est baladée tout le jour
Sur la couverture des bleus atours,
Depuis ce fut l'envers des lendemains,
Car tu as gardé toujours ses deux mains... !

Écrire...

On vit de souvenirs pour toujours s'en nourrir...
Des rêves ou désirs, qui donnent à mentir...
C'est terrible mais fuir, pas simple d'en finir... !
Tourner les pages, Sir, et se laisser mourir... !

On croit à ces plaisirs, qui souvent nous déchirent... !
Aux heures du partir, comme sonné, et pire...
Comme le son lyre s'envole en des satires...
Et alors c'est dire, que la vie est Zéphyr... !

Incompréhension...

Encore une nuit à souffrir,
Encore une heure se mentir,
Quand il te semble n'être pris
Que dans l'incompréhension, pis... !

Les larmes gonflent si gonflées... !
Qu'elles n'arrivent à pleurer,
Quand tous les touches, apeurées,
Que le noir, n'arrive à bercer...

Il est peut-être temps d'en fuir,
Comme un bon vouloir à partir,
Au loin du soleil et des vagues,
Au plus près du ciel, n'être vague... !

Guy Zajac

Naufrage émotionnel

Je me suis noyée dans les brumes disparues et enfouies
Quelque part, une nuit me pousse aux limites de te traverser
Aucune perspective de courir pour te rattraper ou te pardonner
À travers ces écarts d'un atterrissage sur le chemin de l'ennui

Au fond de moi, un tout petit autre pays éphémère, est né
Dans la foule des inconnus et des étrangers à mon insu,
Prière de cultiver les épines que les roses sans effets
Prenons le temps de tricoter le fond que nous voulons toucher

Cet enfant intérieur est prêt à se briser qu'à se réinventer
Méditatif aux arômes et parfums d'un chagrin non assumé
Envieux sans ennemis précis à l'âme d'un ange noirci
Sans future vie et sans avenir mais il y pense sans arrêt

Hanen Marouani

L'ombre de l'amour
(Interdit aux moins de 18 ans)

« Plus dure sera la chute » <u>Budd Schulberg</u>

Quand il m'est apparu, seule et unique fois,
Sa beauté provoqua mon tout premier émoi,
J'ai même succombé au charme de son ombre
Qui suivait en dansant sa silhouette sombre.
Quand il a prononcé deux ou trois mots d'usage
Sa voix charmeuse a fait tressaillir mon corps sage,
L'ombre de ses paroles a envoûté mon âme
Si tendrement brûlée par la lascive flamme.
Quand son parfum subtil a effleuré mon cou
Et saoulé mon esprit de fragrances taboues,
À mon nez s'est blottie l'ombre de son odeur,
Et le désir dans l'air a fondu mes pudeurs.
Quand sa main s'est posée sur ma peau innocente
Le feu s'est emparé de mon envie naissante,
L'ombre de ses caresses a causé l'explosion
En ma veine éclatée par la lave en fusion.
Quand l'ombre de son ombre a épousé le jour
Pour ouvrir au soleil les portes de l'amour,
Ma candeur soupira, prête à s'abandonner,
À la douce folie des chairs irraisonnées.
Mais quand j'ai aperçu dans un rai de lumière
L'ombre de son ardeur, impertinente et fière,
Monstrueuse obélisque avide de conquête,
Mon désamour a pris la poudre d'escampette.

Zyablik

Beauté d'ange heureuse

Au milieu des ruines du ciel
Et des vestiges du chaos,
Sous les décombres de mon cœur en lambeau
Où mes amours s'amoncellent
En bouquets de pleurs,
Alors que du jour disparaissent les dernières lueurs,
Comme une étoile errante
Vacillante sous la voûte étoilée,
Votre céleste beauté
Resplendit sous la lune incandescente.
Aveuglé par vos divines splendeurs,
Votre regard éblouissant
Sublime la réalité ardemment
Et illumine ma vie de bonheur.
Comme dans un songe,
Votre vision idyllique
Brûle mon âme d'une passion onirique
Et lorsque mes yeux s'y plongent,
Je me noie dans le torrent
De votre amour rayonnant.
Dans le voluptueux écrin
De vos bras recueillis
Mon cœur ne bat plus en vain,
Je goûte alors à l'ivresse du paradis.
Dans la quiétude intime
De l'aube sublime,
Comme dans un rêve,
Lorsque ma nuit s'achève,
Alchimiste des sentiments
Vos larmes serties de lumière
Éteignent mes cauchemars crépusculaires
Et apaisent mes tourments.
Refermant mes paupières,
La beauté n'est alors plus un mirage éphémère
Mais une vision immortelle,
Vivante dans mon cœur, elle demeure éternelle.

Dernier tour de piste

Devant sa petite glace brisée,
Le geste assuré
Pour grimer
Mais surtout cacher la réalité,
Il se regarde une dernière fois.
Et d'un vieux mégot qu'il tient du bout des doigts,
S'envole la fumée
De souvenirs passés.
Sous le grand chapiteau rafistolé de la vie,
Au milieu de la piste
Mesdames, Mesdemoiselles, Messieurs, voici,
L'histoire d'un clown triste.
L'espoir a fui les gradins
Et tel un pantin,
Fatiguée de faire semblant de rire
Pour ne pas mourir,
Dans un ultime pied de nez à la vie,
Sous les applaudissements nourris
Il tire sa révérence,
Dans un dernier éclat de souffrance.
Puis, le silence se fait,
Et pour cette marionnette
Désarticulée
Le cœur n'est plus à la fête.
Le temps tourne à l'orage,
Et les larmes remplacent son maquillage.
Les lumières se sont enfin rallumées
Et les étoiles l'ont accompagné.
Ce matin, on a retrouvé
Un clown allongé,
Un plaisantriste
Au milieu de la piste.

Ioan Bessières

Exil

Dans le ciel rougissant à se brûler les yeux,
Le soleil écrasant que l'horizon appelle,
S'adoucit, apaisé, puis lentement chancelle
Et l'ombre se déploie sur l'ocre broussailleux.

Le vent devenu tiède en un souffle soyeux
Glisse sur la savane où le pourpre ruisselle
Et les arbres fourbus de chaleur torrentielle
Étirent, harassés, leur squelette gracieux.

Comme un fauve aux aguets paré d'un noir pelage,
La nuit surgit soudain dans la plaine sauvage.
Loin de la barbarie mon Afrique rugit.

Blotti sur le béton où le froid me transperce,
Au rythme du tam-tam de mon cœur qui faiblit,
Je pars et tendrement mon Afrique me berce.

Rimes

Il envoie des étoiles aux secrets de mes nuits
Et travestit mes rêves en douces féeries.
Arabesques pastel dans mes ciels de tristesse,
Ses rubans délicats me frôlent avec tendresse.

À l'encre de beauté, il raconte la vie
Pour inonder mes yeux de douces harmonies.
Et ses mots déchirants qui subliment l'amour
Me gémissent encore et me chantent toujours.

La splendeur de ses mondes a transpercé mon cœur
Et a changé mes larmes en perles de bonheur.
Du talent plein les doigts, des rimes plein la tête,
À la plume de l'âme, il écrit le poète.

Mon amour

Mon cher et tendre amour, j'ai froid de ton absence,
Perdue dans la maison où hurle le silence.
Sans un mot, un regard, tu as quitté mes bras
Pour aller te lover contre une autre, là-bas,
Tu as brisé mon cœur, tu as volé mon âme
Pour une belle enfant à peine faite femme.

Mon bel amour perdu, que ta vie désormais
Soit un bel arc-en-ciel et te donne à jamais,
Des comptes dans le rouge à lui offrir des roses,
Des nuits blanches sans fin, pour soigner ton arthrose,
Des bols de café noir et des comprimés bleus
Et des cernes violets autour de tes beaux yeux !

Mon gros chat si gourmand, que ta jolie végane
Te nourrisse de riz arrosé de tisane,
Puis t'oblige à courir et te traîne au yoga,
Te fasse des bébés, t'achète un chihuahua !
Mon minou ronronnant, amoureux confortable,
Que ton bonheur tout neuf paraisse... interminable !

Isabelle Cazaux

Portrait du désir

Le désir est plus grand que le plaisir qu'il donne.
Le temps est une offrande à nos cœurs qui s'étonnent,
D'avoir tant attendu
Et d'être un peu déçus.

Le désir est plus vif que nos vies en demain.
Rêver est si facile. Rien n'est jamais certain.
L'espoir me tient debout
Courant comme un chien fou.

Le désir est plus noble que l'apparence qu'il sert.
Un joueur invétéré accroche l'espoir qu'il perd
Sur le tapis des nuits,
Dans le temps qui s'enfuit.

Le désir est plus seul qu'il ne le sait lui-même.
Ce que je dis de nous ressemble à ce poème.
À travers ton sourire,
C'est ma vie qui respire.

Le désir est plus pauvre que celui qui s'avance
Avec la rage au cœur, le glaive et la balance,
Le manteau déchiré,
Les souliers écornés.

Le désir est un sage qu'il ne faut pas tenter,
Par jeu ou pour se vendre par crainte d'y laisser,
Plus que son âme entière,
Un morceau de prière.

Le désir est amer, le désir est amour
Dans les mots qu'il prononce, je n'entends que toujours
Derrière la nuit qui vient
Je sais que me retient

Un désir bien plus grand que le plaisir qu'il donne,
Comme une offrande posée sur nos cœurs qui s'étonnent.

Isabelle Giraudot

Reflets sur l'étang

Longer la rive de l'étang en compagnie du grand cormoran et de la sterne naine, laisser son regard glisser vers le chatoiement des iris jaunes ou blancs épanouis, fleurs du printemps nées dans les marécages. Contempler le retour du joli mois de mai des amoureux, objet de nombreux rites.

Dans la lumière du lever du jour les reflets du soleil ou des nuages sur l'eau invitent à la découverte au moment où la nature sauvage explose, animée par le souffle des milliers d'oiseaux qui y font nid. D'indescriptibles labyrinthes naturels où frémit la vie offrent à l'œil subjugué une myriade de couleurs éclatantes. Le plumage des pinsons, foulques, perdrix rouges, mésanges bleues, échasses blanches, hérons cendrés, cygnes tuberculés constitue une mouvante et somptueuse palette multicolore dans ce dédale marécageux. Reflets pittoresques d'oiseaux posés sur les roseaux de la roselière ou perchés sur des nasses. Le bord de la lagune peu profonde où la végétation s'enchevêtre, où la chevelure des algues barbote et se cache, dévoile un formidable réservoir de couleurs, de senteurs et de vie.

Les sentiers qui bordent les canaux, avec leurs frênes et leurs tamaris, révèlent un paysage étincelant, miroitant, resté sauvage, indiscipliné. Escapade parmi la salicorne, les joncs et les oliviers de Bohême malgré les délicats problèmes d'accessibilité au milieu. De tous les massifs de végétaux implantés dans la lagune saumâtre se dégage une odeur de vase. Ici un herbier habité par les crustacés, hanté par la libellule. Là des grenouilles, des tortues, des canards. Univers magique, grouillant, mystérieux, en perpétuelle mutation au fil des heures et des saisons. Vaporeuse écume dentelée, aux délicates auréoles qui guident l'œil vers des petits coquillages d'un blanc nacré. Clapotis et vaguelettes. Reflets féeriques, au coucher du soleil, d'une maison, d'arbres, d'iris et de plantes aquatiques sur l'étang.

Rêver, grâce à cette invitation au voyage, à un Ailleurs, à une vie joyeuse, féconde, exempte de superflu, dans cette osmose où se créent des relations complexes guidant vers l'Essentiel. Des heures pour prendre du recul et découvrir la diversité de la vie à laquelle nous sommes reliés au même titre que la mésange charbonnière ou la roselière.

Marcher dans l'eau et sur le sable, sous de doux ombrages, sentir naître l'envie de protéger ce paysage d'une poétique et sublime beauté.

Jacqueline Bazalgues

Trous noirs

Ça y est, on le tient, on en a chopé un
Un vrai, photographié, disent nos physiciens.
Ils parlent du trou noir comme on traque un lapin
Et brandissent leur chasse avec beaucoup d'entrain.
Il est vrai qu'on doutait que ce trou-là existe,
Alors qu'on n'avait pu croiser toutes ses pistes

Il faut craindre les trous, tous les trous nous font peur :
Il n'y a pas de trou qui soit porte-bonheur.
Même le *trou normand* qui réjouit nos banquets,
Incite aux beuveries pour nous intoxiquer.
Car, boire comme un trou reste une affreuse tare,
Le trou fut-il breton, alsacien ou picard.

Faut-il, disaient certains, *avoir peur des trous noirs ?*
D'abord, existent-ils et doit-on bien y croire ?
Personne n'en a vu, de ces curieux mouroirs
Pourquoi seraient-ils noirs, si on ne peut les voir ?
Si un jour on découvre un trou noir blanc ou rose,
La science est dans le trou et son aura explose.

On sait que les trous d'air sont pour les aviateurs,
Ce que les trous dans l'eau sont aux navigateurs.
Pour un spéléologue, un trou est une aubaine,
Mais s'il est par trop noir, il en sort à grand-peine.
Pourtant, pour les gangsters, les truands, les marlous
Grandes chances ils ont tous, d'aller finir... au trou.

Des trous dans son budget, la France en est truffée ;
C'est le plus noir des trous : il va nous étouffer.
Nos ministres auraient-ils des goûts cavernicoles,

Pour ainsi dans le trou rechercher le pactole ?
Pour boucher ce grand trou, faut-il en creuser d'autres,
Ou pour ce trou si noir, agrandir tous les nôtres ?

…/…

On va en trouver d'autres, assurent les savants
Car chaque galaxie en a un dans ses flancs.
Le nôtre est bien lacté mais est tout aussi noir
Et l'on saura bientôt comment l'apercevoir.
Il croque nos étoiles, engloutit leurs planètes,
Et sa moralité n'est sans doute pas nette…

La chasse est donc ouverte à tous les trous trop noirs
Qui bientôt n'auront plus aucune échappatoire.
Leur mise en examen est une question d'ans,
Avec leur historique ainsi que leur bilan.
Je voudrais vous citer un des trous les plus noirs,
Mais… suis victime alors d'un gros trou… de mémoire !

Jacques Grieu

La maison de Tante Augustine

Dans la maison de tante Augustine
Les pots de confitures s'agglutinent
Aux étagères de bois clair
À l'abri dans leurs pots de verre

Le printemps chante dans une cage dorée
Au son des gammes colorées
D'un bengali venu d'Afrique
Qui se prénomme Chimérique

Ça embaume la cire d'abeille
Et la tarte à la groseille
La douceur du pain d'épice
Et les rouleaux de réglisse

Un vieux moulin à café insomniaque
Est devenu tout patraque
Il voudrait reprendre du service
Et moudre le café qui crisse

Une danseuse nostalgique
Tourne dans sa boîte à musique
Sur une valse tsarine
Et virent les ballerines

Les murs sont rayés de soleil
Les rideaux couleurs de l'arc-en-ciel
Les tommettes rouges s'éveillent
Plus rouges que des groseilles

Il y a des tresses de lavande
Et des bouquets de coriandre
Une vieille horloge sonne
Minutieuse, elle résonne

Elle égrène les heures qui passent
Toujours les aiguilles se déplacent
La maison de tante Augustine
Est entourée de collines

Dans son écrin de verdure
A verrouillé les serrures
Puis elle a jeté les clefs
Du temps à jamais prisonnier.

Jany Bonnard

Impasse du temps perdu

Depuis que j'ai perdu mon travail
Je suis devenu un cas social

Ma vie réduite à l'état de miettes
A pris la poudre d'escampette

Je n'ai plus de maison
Je dors dans un carton

Près de moi mon compagnon d'infortune
Plein de puces il se prénomme Neptune

Ses yeux noirs sous sa crinière rousse
Et tout autour l'amour qui éclabousse

À deux c'est mieux pour faire la manche
Mon petit compagnon éloigne la méfiance

Je récolte les regards complices
Et quelques pièces bienfaitrices

Le plus dur à supporter
Ce n'est pas la pauvreté

Il y a les regards obliques
Et la lame du froid qui pique

Les longues nuits frisquettes
Le ciel au-dessus de ma tête

À consulter les oracles
Et demander un miracle

La déchéance physique
Et l'hygiène épisodique
Le ventre qui crie famine
L'alcool qui devient routine

Dans les grands moments d'ivresse
Je m'invente une nouvelle adresse

J'habite une voie sans issue
L'impasse du temps perdu.

Jany Bonnard

Une jolie plante

Une jolie plante ne se fane jamais,
une goutte d'amour chaque jour suffit.

Il lui a fait signe

Il lui a fait signe en partant, elle lui a envoyé un baiser qu'elle
regrette encore aujourd'hui...

Chaque soir

Chaque soir, il déserte ses cheveux noirs pour aller sur la lune. Elle a
mis du soleil dans ses cheveux, du jade autour de ses yeux et il a
oublié la lune.

Jean Dominique Mazzoni

Ils étreignent les cieux
d'un murmure d'ailes
en traversant la chair du temps

Ils se jouent des courants aériens
pour voyager entre deux soleils

Ils ont dans leurs yeux perçants
comme des lignes à franchir
tous les reflets du monde

les oiseaux migrateurs

Jean-Charles Paillet

Naissance entre les branches
d'une lumière ambrée
un ange tel un phare
veille sur les pas à venir

Le chemin qui se fait
se défait sans cesse
nous donne visage

Et nos corps balancés
comme une tige fragile
soumise au vent
éprouvent la distance à franchir
d'une berge à une autre
pour habiter le rêve

Jean-Charles Paillet

Voyages

J'ai traversé la mer du Nord
Escaladé le mont Ventoux
J'ai fait le Voyage à Bangor
Et déclamé en plein mois d'août

À Rivesaltes quelques sonnets
De Ronsard ou de Du Bellay
À Vauvenargues, deux ou trois vers
Empruntés à quelque trouvère

J'ai vu midi à Espelette
Avec des amis poètes
Puis j'ai fini Anachorète
À minuit un soir de fête

J'ai médité dans des déserts
Où le sable brûlait les yeux
Et j'ai voyagé dans des sphères
Sous le couvert d'autres cieux

J'ai navigué sur le Bosphore
Soliloqué des oxymores
Et puis j'ai rallumé encore
Dans le jardin des sémaphores

J'ai dévoré dans des décors
Dont la mémoire me fait défaut
Quelques majestueux livres d'or
Quelques écrits fondamentaux

J'ai engrangé bien des mystères
Recueilli des instants précieux
En certains moments où naguère
Chaque seconde comptait si peu

J'ai rédigé des moratoires
En des dialectes étrangers
Et j'ai vécu des purgatoires
Dans des existences oubliées

J'ai survécu à Trafalgar
J'ai fait le mort dans un placard
Et j'ai compris un peu trop tard
Que la vie n'est qu'un hall de gare

J'ai somnolé à Calcutta
J'ai revu des amis à Sète
Et disserté à Shangri-La
Avec des mages et des esthètes

J'ai vu bien des apocalypses
Révéler des secrets profonds
Et j'ai dormi dans le giron
De tendres pythies et d'auspices

J'ai fait la sieste à Biloxi
A Tampa, à Chicoutimi
Et j'ai rêvé de toutes ces vies
Que j'avais traversées sans bruit.

Jean-Claude Boisnier

Exil

Vague frêle embouquée sur un rêve insolent
File sous la lune friselis chuchoteur
Et la mer en fureur à pisser sur Neptune
À genoux des tourments de dentelle salée

Conte-moi les boucans de soleil chaloupé
Les bordées en zigzag chevauchant les frissons
Du rafiot fanfaron le passeur et sa schlague
Et les corps des noyés engloutis promptement

Vague frêle arrimée à l'espoir coruscant
Garde-toi des forbans des ardeurs enragées
Des hauts-fonds ventre ouvert et du ciel en raffut

Vague frêle échouée aux confins opulents
Éclabousse en riant nos effrois insensés
Ton écume a vaincu l'odyssée négrière

Jean-François Drut

Le poète

Le poète, à son stylo
Parle tout haut
Il lui raconte un petit bout
D'une vie qui n'en finit pas du tout.
Sur la page blanche,
L'oiseau sur la branche
Siffle un de ces refrains cachés
Dont le poète a le secret.
Son stylo à la main,
Plein d'entrain
Il se bat avec la rime
Au plus profond de l'abîme.
Sur la page gribouillée,
Le monde embrouillé
Chantonne un de ces airs,
Qu'un poète a mis en vers.
Face à son bureau,
Il se prend pour ce bourreau
Qui va aligner des mots,
Des ténèbres de l'univers
Retentira le cri rythmé
De la guillotine des vers,
Un poème sera tombé.

Jean-Louis Bessières

Ailleurs

Il est des matins
Où l'on voudrait qu'il fasse nuit
Pour des lendemains
Qui s'ennuient.

Il est des matins
Où l'on se demande
Si demain
Verra le jour en offrande.

Il est des matins
Où l'on se dit
Et si demain
C'était ainsi !

Il est des matins
Où l'on se rendort
Dans des lendemains
Qui ne sont pas d'or.

Il est des matins
Où l'on se meurt
Pour des demains
Écrasés par le malheur

Il est des matins
Où l'on se dit
Et si demain
Ce n'était pas ici !

Jean-Louis Bessières

Les blanches

Les blanches paroles des aïeules mortes
tombent lentes et douce-sages
pressées sur l'enfant qui tend l'oreille
Il neige il neige
on effeuille l'alphabet
les voyelles passent les mots égarés renaissent et s'accordent
les peuples d'au-delà disent à voix blanche les émois de jadis
Il neige
visage levé on interroge du regard
ces longues phrases-silence écartelées ces mots cristaux
ces mots crucifiés ces mots qui fondent sur les lèvres
et germent d'eaux
mots où chantent dansent bercent
les blanches paroles de nos jeunesses
les blanches paroles des années mortes en semailles
d'espérance.

J.-Pierre Batsère

L'éternelle

La neige rebelle
heureuse
et libre
comme un oiseau
ébouriffée de soleils
a été battue, battue, damnée,
jusqu'à ce qu'elle plie,
se tasse, avilie, servile, obséquieuse,
marquée de rides,
prématurément vieillie,
à coups de carres
anonymes et froids
La neige rebelle
libre
heureuse
comme un oiseau
ébouriffé de soleils
alors s'est perchée au ciel
pour ceux qui aiment
voir plus haut plus haut
bien plus encore
Elle joue comme une enfant
elle rit comme une fille
se poudre et se maquille
comme une Reine rebelle
libre
heureuse
pour ceux qui l'aiment.

J.-Pierre Batsère

Anamnèse au noir

On m'avait dit
Il y a longtemps
Mais j'avais oublié

TAIS-TOI

Alors, je me suis tu

Dans mon corps il y a
Des vestiges, des témoignages
Des souvenirs hallucinés
Qui font des trous dans mes sommeils

Mes nuits sont dentellières
Je suis pendu à leur crochet
C'est la vieille qui se balance
Et tricote dans ma tête

Sa toile est pleine de trous

* * *

Pourquoi demain ?
Plus rien ne brille
Plus rien ne chante
Plus rien ne dit
Les horizons sont dépassés
Il n'y a plus de lumière

Je ne sais pas rallumer les bougies
Elles ne le veulent pas
Et m'empêchent de dormir

Regarder les oiseaux
Et les envier
Regarder les oiseaux
Voler

Je voudrais être oiseau
Délesté des vestiges
Je voudrais oublier
M'envoler dans la nuit
Un bruissement d'ailes
Et c'est fini

Un dernier rêve
Et c'est fini
Un rêve d'alcool
Collé au fond des yeux

Ça ira mieux demain
Dans un soupir de valériane
Ou un nuage de draps froissés
Quand toi aussi tu dormiras
À l'ombre des roseaux
Dans une nuit noire
Découpée au couteau

* * *

83

Parfois, le matin, la lumière m'éblouit
Je suis heureux de la revoir
Elle chante à mon oreille
Des douceurs insoupçonnées
Et des lendemains qui s'allument

Derrière la fenêtre,
Un horizon
Et des oiseaux qui chantent
Leur bonheur de voler

Voler

Leurs plumes ne pèsent pas plus
Que le vent qui les porte
Elles sifflent doucement sur l'air
Sans jamais le froisser

Parfois, le matin, je suis couvert de plumes
Quand la nuit m'a laissé m'évader
Et que les songes ne sont pas
Redevenus mémoire

Jérémy Guérard

Jamais vieux

Au sortir d'un hiver aussi long que l'ennui
Quand j'ai l'impression que le froid vit ici
Que plongé dans l'ombre de nuages trop vieux
Je me vois soudain vieillir dans tes yeux,
À l'hiver de mon âge sur cette terre de fleurs
Ou la douceur ambiante assèche jusqu'aux pleurs
Et que la terre engourdie tourne tout de travers
Quand la planète bleue soudain se met au vert
Et que le bout de ma vie me ramène en arrière
Que des matins fraîcheurs me replongent en l'hiver
Et que ce temps qui passe s'acharne à me faire vieux
Je fais un rêve étrange et merveilleux

Quand mon âge ancestral me déclare la guerre
Que le temps de devant me mène au temps d'hier
Que les moments tendresses me ramènent au passé
Que le printemps renaît sur des prairies gelées
Que certains temps trop long me feraient manquer l'été
Qu'il me reste le temps de ne pas oublier,
Et que je rêve d'être avant d'avoir été
Que par peur de mourir je reste éveillé
Et que je me sens seul alors que l'on est deux
Je fais un rêve étrange et merveilleux, celui de n'être jamais vieux.

Joël Allain

Le poète

Ne le dérangez pas ! il ne peut pas vous voir,
Il est là recourbé devant son écritoire,
Il cultive les mots tout au long des saisons
Et récolte les rimes comme d'autres font les moissons.
Ne le dérangez pas ! il nous refait le monde,
Chante la liberté et tue la bête immonde,
Remet de l'eau au puits fertilise les terres
Fait les nantis gentils et les pauvres prospères.
Le poète est ainsi distrait mais disponible,
Avec un cœur si grand qu'il rendrait tout possible
La main toujours tendue tournée vers l'impossible
Militant de toujours des causes inaccessibles
Ne le dérangez pas ! Voilà qu'il prend la mer,
Y trace son sillon et nous raye la terre,
Par des mots prometteurs des espoirs infantiles
Nous ferait presque croire à des bonheurs possibles
Ne le dérangez pas ! le voilà magicien,
Qui brûle les fusils et fait taire les chiens
Et retient la main de nos ardeurs guerrières
Et d'un sourire humain nous emmène à Cythère
Le poète est ainsi distrait mais disponible
Militant de toujours des causes inaccessibles
Militant de toujours des causes inaccessibles

Joël Allain

Scandale

Le sérieux serpent Ursulu
Sifflait sagement sur un sapin
Lorsqu'un serin
Lui sauta dessus.

Aïe ! Tu m'as fait mal,
Cria l'animal.
Il appela son ami le rat
Qui le soigna.

Joris Dugros

Vélo

Ô mon cher vélo,
Que tu es brillant et puissant,
M'accompagnant tous les jours malgré la météo,
Dans la terre, sur la route et dans le vent.

Parfois, des frayeurs
Qui me font peur.
Ce serait un scandale
Si tu n'avais pas de pédales !

Tes rayons sont comme ceux du soleil,
Quand je les vois, mes sens sont en éveil.
Peut-être, un jour, changerai-je de vélo,
Mais pour l'instant, tu es mon héros !

Joris Dugros, Classe de 5e

Éternel Joug

Fouler le sol de Kamna
Évoque en moi Bamendjinda
Cette terre qui m'a bradée,
Ces frères qui m'ont esclavagé.

Des mains des rabatteurs
M'ont livrées au bât
Ce jour-là à Bimbia
Crépuscule de mon honneur.

Je me remémore encore
Ce sinistre décor
Cette scénographie intemporelle
Qui à présent hante ma descendance,
Qui par sa mue continuelle
Entretient son ignorance.

Ébloui par ce servage caméléon
Enseveli sous des primes de"sujétion,"
Il avance fièrement
Espérant un changement.

Je le revois dans cet ergastule
Qui m'a fait hiérodule
Trimant pour se nourrir
Sans songer à s'affranchir.

Julien Olivier Abolo Mvondo

Papillon

Sors de ta chrysalide papillon
L'horizon se profile et t'offre son univers
À travers les sens et les émotions
Au son des envolées et des strass de lumière
Caractère mirifique, doux et tendre émérite
Petite chenille se déshabille de son nid
Vis et vole vers des cieux insolites
Profite, pars, grandis, souris aux envies
Renie tout ennui, traverse les temps
Océans colorés, de tes ailes tu t'envoles
Fiole de volupté, renouvellement incessant.

Laurence Médicis

S'il te plaît, Père Noël

Père Noël, s'il te plaît,
tu bosses un soir par an.
Moi le reste du temps, je joue à la marelle
au milieu d'un printemps qu'est pas du caramel.
C'est peut-être pas vrai que tu zones en plein ciel.
Je sais pas où tu crèches je te fais un e-mail
Sur terre ça craint un max, faut te bouger l'orteil.

S'il te plaît, Père Noël,
on peut plus exister, on a tout faux, Marcel.
Tu l'as bien remarqué qu'on est dans le bordel :
il est temps de tremper ta barbe dans le miel.
Y a que des enfoirés dans ton huitième ciel.
Un seul jour chaque année t'écoutes mon appel.
Ça te fatiguerait de sortir tes poubelles ?

Père Noël, s'il te plaît,
tu les entends jamais hurler les décibels,
de toutes les armées, sur un monde irréel ?
Il est temps d'arriver nous chanter ton gospel.
Chourave une fusée, fais fissa dans le ciel,
ton jour sera le mien, je te prête une échelle.
Mais je sais plus très bien si tu marches au diesel.

Père Noël, s'il te plaît,
ce qu'on attend de toi c'est du sensationnel.
Nous fais pas tout foirer, fais pas dans la dentelle,
et n'attend pas Janvier pour tout zapper nickel.
J'suis sage comme un grand. S'il te reste du blé,

j'voudrais un camion blanc, avec une croix dessus,
une étoile, un croissant, un vrai grand minibus
pour mettre les enfants, un vrai grand minibus
avec l'amour dedans.

Père Noël, s'il te plaît...

Linda Bastide

Hier et Demain s'enlacent

Hier et demain s'enlacent.
J'ai subi hier et je redoute demain.
Aujourd'hui est hier défunt.
Demain est le songe d'aujourd'hui.
Les commerces ouvrent, ferment,
s'allument, s'éteignent.

Le jour et la nuit se cherchent éternellement,
« fuis-moi je te suis, suis-moi je te fuis »,
se trouveront-ils un jour ?

Chez moi, aucune horloge n'est accrochée aux murs.
Chez moi j'échappe au temps.
Par-delà mes murs, le temps gravite, s'agite, s'énerve, s'écoule.
Je ne veux plus sortir, je ne me sens en liberté qu'enfermé ici.
Le temps dehors m'emprisonne.
Dehors me dévisage.
Le vent effleure mes murs, la pluie les caresses,
c'est la fenêtre qui me l'a dit.
Elle est très bavarde, elle me chuchote la vie dehors.

Parfois, je m'y attarde pendant des heures, parfois,
je l'évite pendant des jours.
À travers elle, je scrute les gens de dehors, intrigué par leur regard
noyé dans ces vices.
Ils me donnent le tournis par leurs cadences célères et m'attristent
par leurs tenues maussades. Où se cache la couleur, dans vos cœurs ?
Emmitouflés alors sous tant de couches,
couches de tissus et d'amertumes.
Je les vois fumer la nicotine et tousser la cupidité,
jusqu'à s'étouffer d'ennui.
En pleine immersion dans la pollution, dorénavant,
ils y nagent aisément.

Aujourd'hui sera hier autant qu'hier était aujourd'hui.
Ça s'agite dehors, je reste en inertie.

Loïs Arwidson

Joyeux Noël
(À mon Florian)

Voici déjà Noël, je n'ai pas de cadeau,
Je n'ai que mon amour à porter sur le dos.
Voici déjà Noël, j'ai perdu mon traîneau,
Ma hotte est pleine en fait, de gros baisers tout chauds.

Voici déjà Noël, j'ai sorti mon chapeau,
Puis en Père Noël escorté de grelots,
J'ai passé, tout à tour, mes bottes, mon manteau,
Pour t'offrir, Cher trésor, ma joie en quelques mots.

C'est pour fêter Noël, que j'entonne à nouveau
Ce complaisant refrain, pour t'avouer tout haut !
Le bonheur de pouvoir, en un jour aussi beau,
Clamer combien je t'aime, ô mon tendre Angelot !

Et ce n'est que pour toi, que je prends mon pipeau,
Pour te jouer, Mon cœur, mon plus joli morceau,
Car tes rires me sont plus brûlants qu'un flambeau
En ce grand jour de fête, où nous est né l'Agneau.

Maria Torrelli-Lionné

Naissance

(À ma fille Lætitia)

Le soleil s'est logé dans mon cœur à demeure,
Il avait tes grands yeux et la même couleur.
Son éclat progressant, s'est fixé d'heure en heure,
Déposant ton sourire envoûtant pour chaleur.

Dès les instants premiers, quand j'ai su que la vie,
M'avait livré ton nom comme porte-bonheur,
En ce soir mémorable où les cieux m'ont ravie,
Au plus profond de moi, j'ai trouvé le bonheur.

Et durant les saisons, depuis que tu m'es née,
Brûle sans cesse un feu joyeux à mes côtés :
Tes baisers attisant tout au long de l'année,
Le brasier de douceur dont tes yeux sont dotés.

Jamais plus ne sera, demain vraiment le même,
Car un vivant flambeau m'a transmis son ardeur,
La lumière apparut, avec toi pour emblème,
Répandant ses rayons dans toute leur splendeur.

Maria Torrelli-Lionné

Passage

(À vous quatre)

Si l'âme a son chagrin, certaines vous diront,
Que pour vieillir au mieux nous passons notre vie
À meubler l'avenir d'une enfance assouvie,
Jetant par-dessus bord blessure avec affront.

Ainsi, quand du passé se dresse acide et prompt
Tel souvenir brutal qu'aucun soin ne dévie,
J'exhume sans pudeur de ma peine ravie,
Ce doux baiser hâtif, déposé sur mon front...

Celui sachant d'amour guérir comme une mère
Toute larme infantile et rendre moins amère,
La route qui s'oppose au chemin parcouru.

Depuis entendez tous, mes pleurs pétris de joie !
Ne tenez ces sanglots pour bonheur incongru,
Car ce soir, chers enfants, mon cœur entier vous choie... !

Maria Torrelli-Lionné

Nous étions deux amis

le silence et le froid descendaient comme un soir
sur nos badinages qui s'habillaient de noir
nous étions deux amis et nous nous aimions bien
dans un monde insensé où tout paraissait vain

dans les jeux ambigus des peuples de la terre
nous étions si nombreux et pourtant solitaires
tout semblait se dissoudre en des couleurs d'attente
et moi qui rêvassais, j'étais comme une absente

par chance il y avait des belles amitiés
qui savaient les failles de nos cœurs souvent gais
nous étions deux amis et nous nous aimions bien
dans un monde insensé qui semblait trop ancien

car peu importe aux dieux s'il n'y a pas de preuves
du monde où ils sont nés au prix d'une idée neuve
tout est sans réponse et les questions sont vaines
mais nos amitiés sont limpides et certaines

Marie Derley

Aperçu

Le soldat porte sa valise.
Elle ne paraît pas être un poids.
Son fardeau à lui semble intérieur.
Il s'émiette dans sa marche.
Ses chaussures laissent sur la terre mouillée les marques du gamin
étonné qu'il a été, fasciné par le progrès et les sciences nouvelles.
Le port de l'uniforme l'a ébloui jusqu'à perdre son éclat,
volé brusquement par la noirceur de la guerre.
Il est un cœur aride.
Personne ne le juge, personne ne passe devant lui sur le chemin.
Oui, il est de ces hommes vivants qui se pensent déjà morts.
Le thé qu'il a pris avec son frère avant de partir défendre son roi,
restera le seul souvenir qu'il garde de sa vie d'avant.
Son âme diaphane se disperse, fond telle la neige
qui se pose sur le sol et rejoint le nid de la source.
Il avance sans regarder où il va.
Il porte à son gilet la médaille d'honneur pour son courage,
pour avoir sauvé des vies.
Mais quelles vies ?
Son frère n'est pas rentré, il ne rentrera jamais plus.
Alors pourquoi retrouver la maison ?
Ses vieux ne sont plus, personne ne l'attend.
Il n'y a plus de patelins, rien que des ruines.
Ses pertes sont immenses.
Sa pause, il l'a bien méritée.
Il ne voit devant lui qu'un lac d'eau vaseuse
qui ne sait comment se purifier.
Le soldat porte sa valise.
Elle paraît ne pas être un poids.
Son fardeau à lui semble intérieur.
Il s'émiette dans sa marche.

Ses chaussures laissent sur la terre mouillée
les marques d'un homme vivant qui se pense déjà mort.
Je ne sais quoi vous dire,
si ce n'est que son chemin ne croise pas le mien.
Je ne peux vous dire que ce que j'aperçois.
L'épingle de sa médaille pique sa chair à chaque pas qu'il fait.

Marie Recurt

Ange

Va. Pars dans les plaines.
Ne reviens que lorsque ton âme sera limpide et claire.
Pars. Va dans les plaines.
Si tes pleurs te prennent, alors crie et tape la terre.
Fais en sorte de les évacuer
jusqu'à ce qu'ils ne fassent plus partie de toi.
Pars. Va dans les plaines.
Si tes pleurs te noient, alors pleure de toutes tes forces
et remets-les aux rivières.
Fais en sorte que tes chagrins soient lavés
et ne fassent plus partie de toi.
Pars. Va dans les plaines.
Si la joie et l'amour te prennent au cœur, alors nourris-t'en.
Fais en sorte que tes joies éteignent tes peurs.
Fais en sorte que ton amour inonde tes pleurs.
Pars.
Laisse l'amour te prendre par la main.
Laisse la joie guider ton chemin.
Ne reviens que lorsque ton âme sera limpide et claire.
Va.
Pars dans les plaines autant qu'il le faudra.
Fais en sorte d'illuminer tes peurs en pleurant de joie.
Fais en sorte d'être la lumière qui éclaire ton chemin dans l'amour.
Va. Pars dans les plaines.
Laisse un peu de ta lumière aux bouts des chemins.
Fais en sorte que ceux qui sont perdus puissent un jour trouver
la voie limpide et claire de leurs sources.
Alors seulement vous pourrez boire à votre eau
et naître parmi nous.

Marie Recurt

Confiance

J'étais cernée par le désespoir,
En la vie, je n'avais plus aucun espoir,
Et puis un jour, tu es apparu,
Et de nouveau, j'ai cru...

J'ai cru que la vie pouvait être belle,
J'ai cru qu'il suffit parfois d'une petite étincelle
Pour que se réveille un cœur trop longtemps endormi
Et qu'éclose un amour qui tiendra ce qu'il a promis...

Oui, tu m'as redonné confiance,
Désormais je vois la vie d'un autre œil,
J'ai cessé de penser à mon futur cercueil,
Et, de la beauté de la vie, j'ai pris conscience...

Nos yeux se sont souri tendrement,
Nos mains se sont jointes avidement,
Nos âmes se sont enfin reconnues
Et nos cœurs se sont livrés sans retenue...

Désormais, je n'aurai plus jamais peur
Que les aléas de la vie s'abattent sur moi
Et franchissent avec fracas le seuil
De l'abri que tes bras forment autour de moi.
De la joie de vivre, je ne serai plus jamais en deuil,
Puisque, quotidiennement,
je m'enivre de notre indicible bonheur...

Oui, c'est grâce à toi et à ton amour
Que j'ai enfin confiance en l'avenir,
Et que je crois fermement que le bonheur, pour moi, va revenir
Et nous enfermer dans son confortable écrin pour toujours...

Les diamants de tes yeux

Les diamants de tes yeux
Éclairent mes jours et mes nuits,
Me protègent des envieux
Et dissipent mon ennui.

Diamants bleus, diamants noirs,
Qu'importe leur couleur,
Du moment que chaque soir
Ils veillent sur mon bonheur.

Chaque jour, ils brillent de mille feux,
Illuminant mon ciel en de multiples jeux,
Me couvrant de magnifiques rayons
M'incitant à prendre mes crayons
Afin de restituer toute leur beauté
Dans un tableau éclatant de clarté.

Les diamants de tes yeux
Me dispensent leur chaleur
Et lorsque pour toujours se fermeront mes yeux
J'emporterai leur souvenir dans mon cœur.

Je sais que lorsque je partirai sous d'autres cieux,
Il n'y aura plus aucune raison
Pour que les reflets irisés des diamants de tes yeux
Continuent de briller joyeusement,
Et ce jour-là, des gouttes de larmes tristement
S'en échapperont en guise d'oraison.

Marie-José Bernard

Nul ne connaît ni le jour ni l'heure

Nul ne connaît ni le jour ni l'heure,

Où le Tout-Puissant, sur moi, pointera son doigt,
Me foudroyant debout, face aux miens en émoi,
Où, dans un lit d'agonie, bercée de prières,
Qui m'accompagneront jusque dans sa lumière.

Commencera alors, le plus long des voyages,
Qui se terminera par-delà les nuages.
Pour m'emmener vers Lui, que je ne connais pas,
Et qui me jugera sur ma vie d'ici-bas.

Expier mes méfaits pour préserver mon âme,
À genoux, à ses pieds, y déposer mes armes.
Obtenir le pardon, et l'absolution,
Renoncer à jamais à toute tentation.

Après avoir avoué tous mes mea-culpa,
Chanter les hosannas, du fond de mon trépas,
Mon âme avancera dans cette éternité,
Pour s'endormir sereine, en immortalité.

En attendant ce jour du Jugement Dernier,
Qui m'arrachera à la douceur du foyer,
Je veux m'enivrer, jusqu'à la damnation,
Des plaisirs de la vie, à en perdre raison,

Car, nul ne connaît ni le jour ni l'heure.

Marielle Lapoujale

Pourquoi partir

Pourquoi partir un jour, et quitter son village,
Pour écouter ailleurs un tout autre langage.
Pourquoi partir si loin, pour trouver la fortune,
Alors que chez soi, est le plus beau clair de lune.

Pourquoi toujours vouloir ce que nous n'avons pas,
La gloire et l'argent, qui nous servent d'appât.
Au gré des voyages, vouloir trouver ailleurs,
Ce qui toujours plus loin, nous paraît bien meilleur.

Courir, toujours courir, sur la terre et sur l'onde,
Prendre mille chemins, pour découvrir le monde.
Comprendre ses erreurs, en pleurer de douleurs,
Retourner au pays, retrouver ses valeurs.

Pousser le vieux portail de son humble maison,
Depuis bien trop d'années, laissée à l'abandon.
En ouvrir les volets, et lui redonner vie,
Dans ses murs désormais, réapprendre l'envie.

Et quand la mort viendra, me fermer les paupières,
C'est dans mon village, au cœur du vieux cimetière,
Que je reposerai, sous la dalle à jamais,
Entourée de tous ceux, que j'ai jadis aimés.

Marielle Lapoujale

Le banc de pierre blanche

Au doux de ma mémoire il est un souvenir
Près d'un grand lac d'argent et d'un saule qui penche
À la fraîche ramure : un banc de pierre blanche,
Image d'un passé qu'on ne peut retenir.

J'aimerais tant pouvoir avec toi revenir
M'asseoir au banc du rêve au soleil des dimanches,
T'entendre encor maman, au secret de ses branches,
Blottie entre tes bras, me parler d'avenir.

Tu disais les bateaux, les fabuleux voyages
Qu'ensemble l'on ferait ! Que de belles images
Tu mettais dans mon cœur, que de songes si fous !

Aujourd'hui sur le lac à la robe nacrée
Ton destin bien trop court argente les remous
Flotte dans ces reflets ton image adorée.

Martyne Dubau

La danse du papillon

Depuis toujours elle était là
Présence attentive et aimante
Une main pour guider nos pas
Une affection si rassurante
Et puis un jour elle s'en va
On n'entend plus sa voix qui chante

Une maman c'est un soleil
La flamme bleue de notre enfance
Veillant toujours notre sommeil
Un réservoir d'amour immense
Un éclat d'or et de vermeil
Qui brille sur notre existence

Une maman c'est une fleur
La rose d'or de référence
Au jardin bleu de la douceur
C'est un cadeau, c'est une chance
Une myriade de couleurs
C'est comme un papillon qui danse !

Quand elle nous laisse un matin
Notre chanson n'a plus de « la »
On reste seul sur le chemin
À chercher trace de son pas
Sur le sentier de mon destin
Il n'y a plus de tralala

Ô Maman, tu sais, ta chanson
Résonne au creux du blanc silence
Du vide de ton abandon,

Et dans mon cœur désespérance
Ne danse plus le papillon
Aux plages d'or de mon enfance...

Martyne Dubau

Ta blanche lettre

J'ai reçu ton courrier signé de ton prénom
J'ai parcouru le blanc un peu désorientée
Puis j'ai vu tous les mots que tu n'oses pas dire
Ils brillaient, scintillaient posés tels des bijoux

Je les ai caressés, un par un, doucement,
Ils prenaient des couleurs ils devenaient l'espoir,
la folie la tendresse et l'ivresse, d'un soir
Dans toute sa splendeur ils devenaient l'amour !

Oui, j'ai reçu ces mots que tu n'as pas écrits
Ta voix me les disait, tendrement murmurés
Certains m'ont fait rougir et d'autres m'ont émue
Jusqu'au cœur, jusqu'à l'âme... ils sont entrés en moi

Cette lettre muette elle m'a raconté
Tous ces mots que tes mains auraient aimés me dire

Prends vite le chemin qui vient jusqu'à ma porte
Car je veux les entendre, assoiffés de désirs
Susurrés dans mon cou, tout près de mon oreille,
Par tes mains sur mon corps, ta bouche sur ma peau !
J'aime tant tous ces mots que tu n'as pas écrits...

Martyne Dubau

Le chaos

Nulle certitude n'engendre ici-bas apaisement et tranquillité !
Tout n'est que semblable au spectacle d'un charivari impétueux
Ou au mugissement des vagues par un temps rude et tempétueux.
Qu'importe enfin le vertige du réel et les frissons de la vérité ?
Ces grondements intérieurs qui n'aboutissent à rien de sérieux.
Tout s'élève au-dessus de nous. À quoi bon d'être ainsi furieux ?
Dans le règne humain, l'ordre et la paix ne peuvent plus exister ;
Il n'y a que le chaos. Et le chaos fait d'un royaume tumultueux
Une impitoyable étendue des interdits et des actes délictueux.
Quel enchaînement terrible d'insignifiances et de médiocrités
Pour ces miséreux qui aspirent à un avenir doux et fructueux !
Ignorant qu'ils s'engagent à jamais dans des chemins tortueux.

L'Être n'est qu'une ombre fugitive qui traverse une nuit hantée.
Tout aussi incapable d'avoir en la vie qu'un orgueil monstrueux,
Il oublie qu'il traîne avec lui le sort d'un ignorant présomptueux.
Sa main étarque les voiles sous la tempête de la démence irritée
Et se laisse charrier vers l'incertain sous un ciel gris et pluvieux
Dans cette voie du non-sens comme devers un festin somptueux.
D'aucuns meurent, d'autres disparaissent ! « Ne pas exister »
Échappe à la vie et évite la mort qui ne puisse du coup avoir lieu.
Être c'est être excédé de vivre... Vivre : Quel destin périlleux !
Décidément « Naître » c'est franchir les limites de l'instabilité,
Se précipiter dans un jeu qui n'en est moins qu'un monde odieux
Et c'est au cours de cet effondrement absurde qu'on invente Dieu.

Meb Rock

S.O.S d'un terrien en détresse

Comment parler d'amour quand mon cœur s'en est allé ?
Pourquoi rire et sourire quand mon sourire est sans rire ?
Comment rêver de demain si ce jour est sans pin ?
Comment dire à Dieu adieu ?
Pourquoi croire sans voir ?
Comment sangloter en étant un désert ?
Où retrouver les plumes de mon être ?
Comment m'ouvrir à ce monde qui se replie sur lui ?
Comment extirper ce faux-vrai visage ?
Quand être vraiment moi ?

Medjo Essam Astrid Dylane

Elle est là

À ma mère, décédée en EHPAD le 31 mars 2020

Elle est là
Souriante
Elle prend ma main
Pour m'emmener sur le chemin

Elle devine ce qui me hante
Rassurante
Je n'ai pas peur
D'essuyer mes pleurs

Elle me susurre des mots doux
Prévenante tout à coup
Elle me raconte une histoire
Pour calmer mes soirs

Il pleut sur la ville
Je perds le fil
Sur sa robe je me faufile
Et m'allonge sur son nombril

Elle est partie
Sans un mot, sans un bruit
Maintenant, comment vais-je te dire
Que je t'admire...

Elle n'est plus là
Je hais le vent glacé
Qui a lâchement soufflé
Je me demande POURQUOI...

Michel Bessières

Le parfum de mes mots

Aromatiser les mots.
Te les offrir en toast,
À la santé de ton âme.
En fondant sous ma langue,
Au sel de ma bouche,
Ils exhalent la saveur de mon cœur.

Michel Orban

Dans cette cuisine

Sur une base de pâte feuilletée
Qu'avec tendresse vous aurez confectionnée,
Sans oublier d'y mêler autant de beurre
Que de jolis morceaux de votre cœur,
Disposez un fond sucré d'affection
Parsemé d'une large dose de compréhension.
Recouvrez à volonté d'un zeste de prévenance
Additionné de pulpe de tolérance.
Décorez de grains de partage
Provenant des meilleurs cépages.
Intercalez les tranches de don de soi
En ne suivant que votre voie.
Du plat, n'hésitez pas à déborder
Preuve de votre générosité.
Au four doux, thermostat cinq,
Faire dorer pour qu'enfin le meilleur vainque.

Michèle Lagrois Aubrée

En pleine tempête

Sur la barque du temps
Vogue la déraison.
Tout ici-bas dépend
De l'interprétation.
Les pourquoi, quand, comment
Sombrent dans les hauts-fonds.
Tanguer dans le courant,
Changer de direction.
Ils claquent comme des haubans
Ce focus, cette vision.
Emportées par le vent
Les belles résolutions.
Sur la barque du temps
Vogue la déraison.

Michèle Lagrois Aubrée

En déraison

Couvrir de mes baisers tes paupières
Sécher de mes sourires tes larmes

Plonger mon regard dans tes yeux
Soustraire cette infinie tristesse

Caresser de mes doigts ta joue
Effacer de ma paume tes marques

Effleurer de mes lèvres ta bouche
Écarter cette moue de dépit

Balayer de mon souffle ton cou
Chasser tes peurs et tes doutes

Explorer de ma douceur tes épaules
Ôter l'insoutenable charge

Ouvrir de ma tendresse ton cœur
Porter tes sombres douleurs

Agacer de mon rire ton flanc
Réparer les fêlures du temps

Recouvrir de ma chaleur ton ventre
Soulager tes intimes blessures

Parcourir de ma folie ton aine
Noyer au fond de moi ta détresse.

Michèle Lagrois Aubrée

Pouvoir encore

Le monde a posé ses valises
Un jour de mars l'âme grise...
Le silence dessine un habit de lumière
Aux villes endormies au 3/4 de la terre...

Une crise balaie nos lendemains
Interroge tous nos desseins
J'ai vu des blouses blanches, des blouses bleues
Des volontaires tous courageux...

La peur résonne partout
Nos choix se prennent des coups...
Qui panse nos peines ? à peine... à peine...

Des attestations cachées au fond des poches...
Un laissez-passer que tu coches...
Juste une envie de dire bonjour...
Aux fontaines, aux arbres, à de nouveaux jours...

Le monde a posé ses valises...
La nature s'est bien remise
Juste un besoin urgent
D'être ensemble, d'être vivant...

A deux pas de Noël
Je voudrais faire ce vœu
Comme un appel...

Pouvoir encore respirer le temps
Qui coule sur nos vies, tranquillement
Pouvoir encore te rencontrer

Faire avec toi mille projets
Sentir le vent sur mes joues
Ôter ces masques tous ces verrous...
Pouvoir encore, encore chanter la couleur des jours...

Michelle Brousson

Étranger

Je ne t'ai jamais demandé
D'où tu venais.
De quelle terre t'a-t-on importé.
Ton origine.
La couleur de la poussière
Qui a peint tes traits.
Le regard de tes yeux
qui a brûlé ton passé.

Pourquoi te le demander ?

Peut m'importe
De quels autres rivages tu es venu
Le fait que tu sois là
Cela me suffit.

Mohamed Mleiel

Des petits riens

Sous un ciel immobile
Dans la chaleur
D'une nuit d'été
Les feuilles de palmiers,
En éventails
Ne cesse de s'agiter.
Les cigales refusent de se taire
Les lézards se font discrets.

Mohamed Mleiel

Canicule

La bouche des
enfers
À l'haleine de
canicule
Attise la
fournaise.
Le soleil
chauffe ses
rayons.

Le sirocco
souffle
Le brasero
s'enflamme
Tenu à bout de
bras
Le sable
s'essouffle.

Les reptiles
hostiles
Se nourrissent
d'eau salée
Les ruisseaux
agonisent
Les fleurs ont le
cœur brisé.

La terre désolée
Des ruisseaux
assoiffés
Un coup de
chaud
La mort butine.

Les sombres
grisailles
Font de fausses
promesses
De quelques
gouttes de pluie
À une terre
desséchée.

À l'abri du vent
Le sable
mouvant
Offre pour un
temps
Un gîte aux
caravanes.

Mohamed Mleiel

L'amant-e

Le bonheur s'accommode
De ce qui dort dans sa certitude
Mais de refus et de dos muet
Fermé comme un souci à la vie
N'est-il pas de bon aloi
De trouver tout dans l'ailleurs.

Pour me rejoindre dans l'impatience
Et confondre tes rayons à mon ombre
Je fauche pour ton bonheur
Toute une brassée d'heures
Alors pour donner une leçon à la grisaille
Fais éclater l'orage de toutes mes folies.

Les sourires en coin
Me disent moitié d'amour
Ceux-là mêmes qui s'épuisent
À s'identifier toujours.

Laissons leur l'ombre des nuages
Disputés par leurs vents d'amertume
Et goûtons à ces tranches de vie
Sans craindre leur avis.

Monique Fondard

Dès l'aube

L'aube marine se lève sur tes yeux
C'est le matin de mon amour
Et je glisse sur ton sable précieux
Chaud et doux comme ce nouveau jour

Se déploie pour m'éveiller
Le filet de nos péchés miraculeux
Et mon vaisseau s'emplit tant
À rallier la douce côte de ta bouche

Qu'au moindre souffle
Je tangue
Qu'à la moindre ardeur
Je coule

Que je vais sombrer corps et âme.

Monique Fondard

Ce reproche incessant

Tes lèvres et tes yeux me sourient à l'instant
Mais ton visage et ton corps me tétanisent
Symbiose, métaphore d'un reproche incessant
Nourri de croyances qui me méprisent et dénigrent.

Mes sentiments et besoins n'existent pas
Dans vos têtes, votre schéma.
Pourtant je pense, je ressens, tout cela.
Et je souffre de vos coups bas.

Mes pensées, mes ressentis
N'ont aucune importance.
Pour vous je ne suis qu'errance,
Danger épigénétique incontrôlable et constant.

Idéalement en cage, encadrée,
Barricadée, clôturée.
Eventuellement avec une fonction,
À disposition, sur proposition.

Il n'y a pas de place pour moi,
Parmi vous, au sein de moi.
Condamnée à me taire.
Je suis usée d'être prisonnière.

Contrainte au silence,
Lasse de cette maintenance.
Un éternel pour vous, un renoncement à soi, à moi.
Et toujours cet inlassable « pourquoi ? »

Retour de Berlin

Berlin que j'ai aimée sans connaître,
Que j'ai connue l'aimant déjà, émane un véritable être.
Souvent allant d'Ouest en Est, comme le vent,
Ne sachant quel regard il fallait poser sur ses géants,
Je me mis à la respirer, simplement, du haut de ma petitesse,

À l'Est, les maisons paraissent construites
pour quelques Déesses.
Mais, comme la croyance des gens a été abandonnée,
leur beauté accuse une sévère dégradation.
Tel un verre de vin, dont on aurait bu le contenu,
qui aurait suscité tant de passion.
Je ne saurais juger ce qu'autrui condamnerait.
Je n'en ai ni raisons, ni volonté ; de cela je m'attristerais.
Je ne conclus rien, je n'accuse et n'afflige rien ; je regrette.
Sans me complaindre dans une sornette.
Je bâtis un amour réel, que je crée sur des sentiments
et des sensations,
Et non, comme certains en conviennent parfois,
sur des actions ou opinions.

À Berlin courent seuls ceux qui le désirent.
Qui croit pouvoir la décrire,
ne doit pas craindre d'au soleil ne jamais sourire.
Il ne devrait pas y avoir la possibilité de douter.
Mais je suis poussée à agir, embrassant souvent sans plaisir,
le temps utilisé.
Et si quelques fois on entend la pluie...
Il se pourrait qu'un silence soit devenu ennui.

L'ivresse et l'émerveillement font réagir ;
je réagis et j'écris alors.
J'atteindrais ainsi, qui sait, je ne sais quel trésor.

Sur Berlin le brouillard joint ; ses quartiers les uns aux autres,
Les passants lisant sans penser aux autres.
S'il le fallait, je mentirais sur elle
pour que l'on n'en dise pas de mal.
Elle naît un peu chaque jour dans mes yeux,
comme une pulsion fatale,
Que je n'ouvre jamais assez grandement.
Je prends des brassées de sa vie,
de Berlin qui m'est un doux et tendre tourment.

Natacha Dann

Mon Amour

Ma bouche s'éteint, ma plume se réveille !
J'ai plongé dans ma bulle sans fenêtre ni porte
Transparente et emplie de lumière
Et je t'emporte hors temps
Dans ce monde hors d'atteinte
Mes insomnies s'offrent au vent léger
Que me souffle ta bouche lointaine
La fraîcheur couvre mes épaules dénudées
Lorsque tu dors loin de moi
La lune me parle de toi
S'égrènent les longues nuits
Sur le sablier de l'amour
Pour atteindre un nouveau matin
Pour atteindre un nouveau jour
Quand le soleil inondera-t-il mon cœur
Défiant les nuages et la pluie
Jusqu'à ce que nous ne formions plus qu'un ?
Chaque minute qui passe me rapproche de tes bras
Chaque minute qui s'achève me rapproche de tes étreintes
Chaque tour que fait la terre nous fait danser la même danse
Pour que demain habille de merveilles nos yeux étonnés
Dans l'attente immobile somnole la force de nos retrouvailles
Cette force qui nous fait chavirer qui nous retient
Qui nous unit.

Nathalie Villalba

Promesses

Je ne te quitterai pas
Je t'offrirai des averses de lunes et d'étoiles
Pour bercer tes nuits
Puis d'infinies poussières de couleurs
Pour égayer tes matins

Je te bâtirai une maison sans murs
Des cathédrales de lumières, des jardins
De colibris sirotant les orchidées
Des fugues d'orage et de pluie
Des heures parfumées
Pour imprégner tes songes

J'habillerai tes espoirs
De gerbes de feux et de vagues florales
Je t'envelopperai de brume éphémère

Je construirai du bout de mes lèvres rondes
Du bout de mes caresses et de mes mains de soie
Une prison sans barreaux
Avec la rondeur de mon amour.

Nathalie Villalba

Rencontre amoureuse

Les solitudes désolantes pleurent leurs amours éteintes

Dans l'amertume d'une vie jamais parfaitement remplie,

Quand Philémon rencontre Baucis, d'une idylle éperdue

Naît une éternité divine en un royaume éphémère.

Trois profs

Deux blondes une brune
Celle qui rêve détient lune
Et étoiles dans son âme
Dans ses grands yeux calmes
Celle qui fixe d'un regard
Profond si belle à voir
A autour d'elle l'aura
Que toute femme n'a pas.
Dernière mais pas en charme
Celle pour qui tous se pâment
L'élégante sylphide
Envoûtante et splendide
Toutes trois sont différentes
Aux affections constantes
Elles aiment instruire enfants
Et grands ravis comme avant.

Délire onirique

La clé des rêves a été déposée sur le bar l'humeur gluante se trouve dans une bouteille vide de tequila. Le but du jeu est de récupérer la clé et de détenir l'humeur pour atteindre le seuil déglingué des rêves. Voilà ! Clé humeur déglingue rêves illumination paroxysme silence calme Silence coma...

Nicolas Bodereau

L'appel des jonquilles

Les jonquilles, dans le bois,
M'appellent.
En février, au début du mois,
Je me sens pousser des ailes.
Je longe le lac aux mille éclats
Et la prairie si belle.
Je vais cueillir avec joie
Ces fleurs pêle-mêle.
L'oiseau fait entendre sa voix
Les émotions s'entremêlent
À la voisine malade, je porte avec émoi
Ce bouquet d'or qui l'interpelle.

Nicole Durand

Le sterne

Cette hirondelle des mers
Part en juillet de l'Angleterre
Et parcourt une distance
De quatre-vingt-quinze mille kilomètres avec aisance.
Ce vol au long cours
S'accompagne d'un retour :
Le sterne revient en mai
Sur l'île d'où il s'élançait.
Dans le sud de l'océan Indien, il a hiverné
Et s'est développé.
Je le tiens dans ma main
Avec humilité : il repartira demain.

Nicole Durand

Ici je te le dis…
(Tricot*)

Cette lumière intense illuminant ma vie
Est celle de ton cœur qui, passant par tes yeux
Lorsque tu me regardes, me donne l'envie
De vivre pleinement malgré la maladie !

Grâce à toi, le sais-tu, tout semble merveilleux
Le ciel sombre en hiver, le brouillard en Automne,
Du Printemps les doux pleurs que nous offrent les cieux
Accompagnant l'orage aux éclats odieux !

Je ne vais pas mourir car ton amour me donne
La force de me battre et de gagner un jour
Contre ce vilain crabe en moi qui se cramponne
Pour toi, je vais lutter afin qu'il abandonne !

Puisque lors ta présence est pour moi sans détour
Le fanal qui me guide et transporte mon âme,
Ici-bas je serais ce concentré d'amour
Pour que tu sois heureux, et cela nuit et jour !

L'entends-tu dans ton for quand je te le proclame ?

© *Johanne Hauber-Bieth*

* TRICOT :
Forme fixe de 16 vers créée par Johanne Hauber-Bieth :
ABAA – BCBB – CDCC – DEDD - E

Primevères de vers

Tes mots,
Primevères
De vers,
Se déposent
En pétales
D'amour
Sur mon âme
Au cœur
De l'hiver,
Tel un printemps
Hors saison
Où bourgeonne
L'été
Et rougit
L'automne.

Olivier Cabrera

L'homme qui marche

Il a de la chance, l'homme qui marche.
Il vient en silence, l'homme qui marche.

Sur toutes les routes et les sentiers,
Il est en vacances, l'homme qui marche.

Il traverse le Japon ou la Suisse,
L'Iran ou la France, l'homme qui marche.

Il est loin de ce monde irrationnel
Quand ses pieds avancent, l'homme qui marche.

Sur Terre et dans une autre galaxie,
Il vit son errance, l'homme qui marche.

Même assis dans son canapé, il semble
Toujours en partance, l'homme qui marche.

Chaque pas dans la nature est pour lui
Une renaissance, l'homme qui marche.

On le voit aux quatre coins du pays :
Ah, quelle endurance, l'homme qui marche !

Ce jour, plus Rodin que Giacometti,
Sa tête en absence, l'homme qui marche...

Il arrive, mais songe à d'autres routes :
Fugace présence, l'homme qui marche.

Ils sont des milliards ou peut-être un seul,
Forte cohérence, l'homme qui marche.

Il n'est pas pressé, il n'y a en lui
Nulle effervescence, l'homme qui marche.

Les parfums des forêts, des océans :
Il vit de fragrances, l'homme qui marche.

Il cherche aussi un chemin en lui-même,
Il médite, il pense, l'homme qui marche.

Partir avec celle qu'il aime est comme
Chanter sa romance, l'homme qui marche.

Pour quelques-uns, je dois être, selon
Toute vraisemblance, l'homme qui marche...

Olivier-Gabriel Humbert

Alzheimer

Étage des « Alzheimer »,
Enceinte sécurisée,
Lieu des mémoires brisées,
Je rends visite à ma mère.

Ici, de fil en aiguille,
C'est la vie qui vacille.
Les jours tricotent l'oubli
Et tissent le voile de la nuit.

Quelques lambeaux de souvenirs,
Elle esquisse un sourire,
Rayon de soleil éphémère
Avant de baisser ses paupières.

Apprécie-t-elle encore quelque chose ?
Dans son regard, un éternel ennui.
A-t-elle remarqué le bouquet de roses
Que j'ai disposé sur sa table de nuit ?

Mes mots d'amour rebondissent
Sur un mur de silence,
Étranges instants où s'unissent
La présence et l'absence.

Philippe Pauthonier

Toi que je ne connais pas

Le crépuscule est d'or au-dessus du vallon,
Au loin, un homme va, la silhouette tremblante,
Il va d'un pas pesant et sa démarche est lente
Avec sur son épaule un petit baluchon.

Le dos courbé, il va, mystérieux vagabond.
A-t-il faim, cherche-t-il une table accueillante,
Près d'un âtre aux flammes vives et vacillantes ?
Porte-t-il le fardeau de ses désillusions ?

Toi, le passant d'un soir, aux souliers poussiéreux,
Tu vas sur le chemin où ton ombre s'allonge,
Je te vois comme dans un évanescent songe.

Le soleil t'escorte en mourant à petit feu
Et tu disparais dans le lointain horizon
Avec la tristesse des choses qui s'en vont...

Philippe Pauthonier

À pas feutrés

Pèlerin d'irréel et de rêves perdus,
J'ai voulu attraper des étoiles lointaines
Et couru face au vent sans ménager ma peine.
J'ai poursuivi sans fin ma quête d'absolu...

Aujourd'hui, je suis las, mon vieux piano s'est tu.
Il reste dans mon cœur quelques vers de Verlaine
Que j'aime fredonner, éternelle rengaine
De mes jours où l'ennui doit être combattu.

Quelques géraniums tremblent à ma fenêtre,
Leur rouge écarlate dissipe mon mal-être,
Et, chaque soir, j'attends mon crépuscule d'or.

Dans mon miroir terni, juste une évanescence,
Ô triste visage au terme d'une existence,
Mon corps s'ankylose et à pas feutrés s'endort...

Philippe Pauthonier

Enfance à la fenêtre

J'aime, ô mes petits-enfants, vos visages levés
Derrière la vitre de la fenêtre
Vos regards, que je devine, m'inspirent des pensées
Inondées de gaîté champêtre.

Vous vous êtes installés sur le canapé
Tous les quatre attentifs, tranquilles,
Accoudés sur le rebord, vous vouliez fixer
Une image loin de la ville.

Sous le feuillage d'un vieux chêne forestier
S'avance une machine orange.
Elle pétarade, elle tousse, sur le sentier
Bordé de colza, près d'une grange...

Dis, qu'est-ce que c'est, François, ce truc à moteur ?
Il a un long nez, des roues grandes !
Regardez, mes petites sœurs, c'est un tracteur,
Le fermier conduit et commande.

Il est le vrai roi de la terre et des champs.
Oiseaux et plantes lui obéissent,
Les fleurs, les fruits, les légumes, attendent son chant
Pour prendre racine en esquisse.

Ce fier monsieur a la chance de cheminer,
Cheveux au vent, sans casque ni masque,
Il ne craint pas l'air violent d'une liberté
Qui parfois souffle en bourrasque.

Faites toujours comme lui, mes enfants, tournez le dos
Aux robots sans âme, sans mystère,
Ils ignorent, ils méprisent, les rires, les sanglots,
Les matins radieux dans la lumière.

Femmes fileuses en frise

Elles me disent qu'elles sont heureuses
Mais qu'elles craignent l'absence de désirs.
Qu'elles se montrent laborieuses
Mais qu'elles goûtent fort les plaisirs.

Qu'elles aiment Hammershoi, en peinture
Ayant pour lui souvent posé.
Qu'elles adorent Tolstoï, quelle culture,
Mais qu'elles ne connaissent pas, c'est vrai.

Qu'elles sont souvent mélancoliques
Devant le vide, et l'horizon,
Ligne intérieure qu'elles se fabriquent,
Qu'elles poursuivent sans raison.

Qu'elles rêveraient d'un autre monde,
Si portes et fenêtres s'ouvraient,
Mais qu'elles resteraient dans la ronde,
Vêtues de noir et bleu tigré.

Qu'elles veulent s'épancher, solitaires,
Dans une mansarde, confinées.
Hélas, elles ne peuvent que se taire
Et ne savent vers qui se tourner.

Qu'elles glissent sur les parquets lisses,
Discrètes silhouettes en miroir
Qui, de leur présence, sont les prémices,
En silence, au bout du couloir.

Une femme, à chapeau, à valise,
Avec chihuahua sous le bras,
Marche libre, d'ivresse elle se grise ;
Errer dans un poème... Hourra !

Raymonde de Lacvivier

La pie

Que vois-je sur la branche tout au fond du jardin
Sautant de ça de là dans son frac de princesse ?
Comme elle est ravissante de noir et blanc vêtue,
Son port est majestueux, son habit de gala.

Tous les petits oiseaux qui gravitent autour d'elle
La redoutent vraiment : elle s'impose à tous !
Un coup de bec par ci, un coup de bec par là
Toujours elle gagnera dans sa guerre cruelle.

La PIE vole, elle plane, sans cesse en éveil
À l'affût de l'oiseau qu'elle va vite chasser
C'est elle la maîtresse : elle entend le prouver !

Mais elle vole aussi : elle s'empare de tout.
Et ne laissez jamais traîner à sa portée
Un joyau quel qu'il soit : elle le dérobera !

Renée Faget

Le dernier bouton

Il n'en reste plus qu'un tout au bout de sa tige.
Il aura survécu aux grands vents, aux gelées.
Il aura traversé canicule et tempêtes,
Témoignage fidèle de mon plus beau rosier.

Il se dresse tout fier, vers le ciel, vers la lune
Et goûte sans scrupule aux modestes rayons
D'un soleil bien pâlot de l'automne naissant
Et du mois de novembre finissant lentement.

Cette frêle ramille me rappelle le temps
Où s'épanouissaient toutes les autres fleurs
Donnant à mon jardin un aspect séduisant.

Quand reverrai-je enfin la belle farandole
De tous mes beaux rosiers éclatant de bonheur
Afin que je profite d'agréables bouquets ?

Renée Faget

Thème peau

Thème
Thème
Exactement
Jeu
En joue
Soufflé
À blanc
Des combles

Comme séparer les blancs des bleus...
La peau, des fleurs

Thème
Thème
Jeté dans la peau
En creux
Rien que ta bouche
À la pipée

Comme enchâsser le dormant du bois
La belle, de la croisée

Thème
Thème
Jeté à l'eau
De lie
Coupé
De rose

Comme distinguer l'arme du tracé
L'envie, de la tache

Tempo
D'âme
À doux
Tu ne m'as
Pas
En vers
Au coup
Au vol

Comme tanner le septième de l'horizon
Le ciel, de ton lit

Tu ne m'as
Trait
Bouche en touche
Tes yeux
Aux leurs
Au bord
Continue

Comme botter les nuages à l'appel

Tu m'as
Rime
Au vif
Pour œil
Entre

Comme parer ta peau d'aile

Pan
De
Toi

Riel Ouessen

Chemins

C'est fini, va te reposer quelque part, sous un arbre, un poirier sauvage. Va, va, suis les chemins, cache tes peurs dans tes mains. De la confiture on dirait.

L'oreille collée au tatami j'entends le tremblement des moteurs. Ces buttes me rappellent des quartiers lointains. C'est le Japon et ses banlieues pavillonnaires, l'été des cicadas, l'asphalte brûlé, un chat.

Après le judo la voiture de ma mère m'a recraché, elle ne s'est aperçue de mon absence que quelques instants plus tard. J'aurais pu mourir là, à ce rond-point. J'ai dormi sans interruption les deux jours qui ont suivi. Juste une entaille au nez, une trop petite blessure, comme une virgule, ou une rature, sur le grain de mon visage enfantin.

Les routes de campagne pendant les grandes vacances. À la croisée des trois chênes je pouvais rejoindre le village par le chemin de la forêt ou celui de l'étang. J'avais le choix entre la fourmilière et le gué, et puis il y avait les foins, les chiens, le petit bourg endormi, l'épicerie où j'allais remplir mes poches de bonbons.

Je regarde des photos récentes de la maison où j'ai grandi. Il y a une piscine, des panneaux solaires, les champs autour ont mangé la terre, la couronne d'arbres qui délimitait le jardin est dégarnie, la forêt qu'enfant je croyais immense est une menue parcelle, un morceau de géométrie perdu dans la mer des labours, et le chemin est parti.

Samy Hargas

Lettre d'un soldat

Sur un sol nauséabond
Je t'écris ces quelques mots
Je vais bien, ne t'en fais pas
Il me tarde, le repos.
Le soleil toujours se lève
Mais jamais je ne le vois
Le noir habite mes rêves
Mais je vais bien, ne t'en fais pas...

Les étoiles ne brillent plus
Elles ont filé au coin d'une rue,
Le vent qui était mon ami
Aujourd'hui, je le maudis.
Mais je vais bien, ne t'en fais pas...

Le sang coule sur ma joue
Une larme de nous
Il fait si froid sur ce sol
Je suis seul, je décolle.
Mais je vais bien, ne t'en fais pas...

Mes paupières se font lourdes
Le marchand de sable va passer
Et mes oreilles sont sourdes
Je tire un trait sur le passé.
Mais je vais bien, ne t'en fais pas...

Sur un sol nauséabond
J'ai écrit ces quelques mots
Je sais qu'ils te parviendront
Pour t'annoncer mon repos.
Je suis bien, ne t'en fais pas...

Sandrine Davin

149

La mer

J'aime la tête vide... d'un pas tranquille,
Observer la mer, cette mystérieuse fée,
Le soir au crépuscule... et
Regarder le soleil s'engloutir à l'horizon.

Des myriades d'oiseaux... s'envolent
Tout d'un coup,
Pour me laisser seul sur cette plage
Contempler l'infini.

Ces mouettes... blanches
Comme la robe
Qui enveloppe le corps
De la vierge promise,

Elles se jettent dans les bras de la mer,
Tels dans ceux d'un fiancé,
Qui fait éclater
Leur premier cri de joie.

La mer est pour l'homme
Cette envoyée du ciel,
Qui reflète sur la terre
La lumière de l'éternité.

La vague grandissant... claque
Sur la roche escarpée,
Comme pour rappeler... par sa présence
Notre petitesse... ici-bas.

Parfois la mer... reposée et calme,
Comme une femme enjôleuse,
Nous fait pénétrer dans sa volupté.
Le soleil y accroche ses rayons.

La mer m'emporte sur ses ailes... découvrir
Des trésors, des bateaux fantômes, des îles, des féeries marines.
Je me retrouve... allongé sur le sable,
Dans le silence de la nuit... sous le regard des étoiles.

Serge Lapisse

Bordeaux

Depuis Burdigala tu brilles !
Celte, romaine tu prends ton essor.
Cité culturelle, tu pétilles,
Anglaise par la reine Aliénor.
Bordeaux ta noble indépendance,
Œuvre de siècles enlacés si beaux,
Vibre dans mon esprit et s'élance
Vers les effluves des temps nouveaux.

Sous ton romantique pont de pierre,
Au dix-neuvième siècle commençant,
Tu enracinas dans la lumière
Ton fleuve aux remous incessants.
Puis des ponts aux décors sublimes
Ont ta Garonne ensoleillée.
Des bateaux passent et elle s'anime,
Remplie de trésors appréciés.

Ton choix d'une liberté tu montres
Par ta colonne aux Girondins.
De la guerre tu sors des décombres
Sous l'égide de Chaban, serein.
L'art au fil des ans t'enjolive
Des architectes t'ont façonnée.
Dans la pierre noircie ils ravivent
Les façades dix-huitième ornées.

Les rives de ton fleuve nous émeuvent,
Leur miroir d'eau, les parcs riants.
Ta cité, tes boutiques abreuvent
Tous nos sens d'un bel air d'antan.

Le vin enflamme bien ton courage
Sur l'Europe et le monde ouvert,
Puissance économique, tu nages,
Sur tes vestiges toujours altière.

Toi, Bordeaux, tu danses dans ma tête
Quand au loin, superbe, je te vois
Un air d'histoire, un air de fête
Fait vibrer tout mon être d'émoi.

Serge Lapisse

« Chronologie du temps des senteurs »

Effluve maternelle, parfum unique et addictif,
Osmose des sens du nourrisson et de sa mère,
premiers émois olfactifs,
Un parfum de douceur, de délicatesse, de tendresse, inoubliable,
Lait velouté sur ta peau de bébé,
appliqué avec un amour inestimable,
Saveurs sucrées, parfum vanillé, chocolaté, fruité, acidulé,
Que tes papilles enfantines aiment déguster et savourer,
Fragrance fleurie, exotique, aux agrumes, pour t'envelopper,
Dans un délicieux bain moussant apaisant et parfumé,
Les petites odeurs qui te marquent à tout jamais,
De ces lieux que tu as fréquentés,
La pomme d'amour, la barbe à papa, la gaufre, la crêpe ou bien encore les
pralines légèrement caramélisées,
Qui réveillent les souvenirs de la fête foraine,
Joie, gourmandises, petits plaisirs parfumés qui reviennent,
Parfum pour séduire, pour envoûter, pour aimer,
Succomber aux saveurs de ta peau épicée ou délicatement sucrée,
Parfum qui habille, qui sublime ta nudité,
Éveil des sens, parfum de ta peau dont j'aime m'enivrer,
Instants à deux, parfums partagés,
arôme iodé d'une escapade en bord de mer,
Senteurs boisées d'un « bain de forêt »,
bouquet parfumé d'une promenade romantique, au grand air,
Le temps passe, les parfums restent ancrés,
bercent ta vie, éveillent tes sens,
Chronologie du temps des senteurs,
au fil des saisons, de ton existence,
Puis, même lorsque la vie s'éteint,
met fin à ces chapitres de senteurs,
Subsiste toujours le parfum de ton âme,
celui qui reste à jamais dans mon cœur, et porte ton odeur

Sophie Levieux Butterfly

Sur le chemin de l'école

Le sac d'école sur le dos
Et l'œil pointé sur le chrono
Que de pensées vers mon loupiot

Rien n'est plus puissant
Que l'amour dans les yeux d'un enfant
Transperçant ceux de sa maman

Rien n'est plus touchant au monde
Qu'un sourire mariant les deux pôles
Et d'un cœur qui y succombe

Rien n'est plus doux
Qu'une petite main trop chou
Blottie dans une grande à bisous

Rien ne peut égaler la mélodie
Des pas trottinés qui s'oublient
Dans les notes de pas aguerris

Rien n'est plus providentiel
Que les mots en ribambelle
Se volatilisant dans le ciel

Rien n'est plus émouvant
Que de le voir partir en courant
Gagner ses pairs sur les bancs

Repartir seule sur le chemin
Sans sourires et sans mains
Avec mon sac à câlins

Sophie Tornier

L'âme ment

Tu crois à ces histoires ?
Quel est ce serpent qui siffle sur mon sexe ?
L'âme ment, l'homme ment
Par omission, par souci d'intégrité intrinsèque à huis clos
Au service délice, l'exquise du goût,
par monts et partout vos principes
Tombent, tombent, à terre, risques et périls, parce que
L'âme ment, l'homme ment

C'est un tout et tous pour rien
OK, moi ? Je donne dans l'offre et on tire le profit, j'existe, par
seconde effacée
Les points comptent le tableau des scores
où s'accumulent les parts d'ombres
Les parties aveugles au parfum de fleur
L'anonymat élégant, sans une trace de doigt
Éclair fugitif, éclipse la vitesse d'une lumière,
s'évanouit sans un bruit
Là où elle est, l'âme ment
Là où il est, l'homme ment

On dit qu'une âme n'a pas de sexe,
mais en ressent tellement le besoin
La distraction qui tue le temps, le temps qui tue l'âme
Et l'homme ment
Par vers, c'est écrit en couleur, par transparence dans la glace, par
résonance dans le feu qui fond
C'est l'amont
Par salive qui s'essuie
C'est l'amant
Non, ce n'est pas que l'homme ment
Ce n'est pas parce que l'amant est, que l'âme mentait

156

Saison noire

Saison noire, morte saison.
Lumières éteintes, champs stériles
Des kilomètres de vue aveugle sur du vide, océan sec sans cap
Des fleurs décapitées aux bras tendus, cherchent l'eau,
cherchent la chaleur.
À mes pieds une foule de pas sur les cycles incessants,
répétés sans fin, spirales vers le fond.
J'écrase des empreintes abîmées, érodées par le temps,
frottées de poussière
Une goutte d'encre dans une flaque,
des cendres dans la bouche.

La faim qui s'échappe de l'estomac troué
Des débris colmatés par un mortier de médicaments
Un sac de paroles lesté des pleurs de la veille,
expérience sans couleur, sans relief.
Pantin humain aux jointures arthrosées, je bouge lentement,
un mouvement perdu après l'autre
Carrefour des maladies et des épidémies,
des fléaux sur liste d'attente
Vasectomie spirituelle sur un monde excisé
Les taches tombent
Sombrent.

D'un sourire ? Une trace, une esquisse de parfum
Une botte de souvenirs sans forme, assemblés dans un puzzle
sans sens, sens dessus dessous
Une note fuit sa mélodie, une danse interrompue, un
personnage sans nom

Une saison noire dans le cœur, fauchée par une serpe d'or.
Une ombre enlacée par la clarté
La folie bercée, apaisée sur les flots, emportée au large
Par le baiser du nouveau
Par la promesse tenue du jour d'après.

Stéphane Lavenère

Sous la pluie

J'ai fait un drôle de rêve cette nuit
Je l'ai vue à Poitiers
Dans une rue
Sous la pluie
Elle m'a souri

Puis elle est partie
Sous son grand parapluie
Sous la pluie
Dans la nuit

Alors je me suis enfui
De cette pluie
De cette nuit
De mon rêve

Car j'ai compris
Que c'était fini
Que je ne la reverrai plus ici
Ni ailleurs

Stéphane Werth

Concerto pour une étoile...

On ne saura jamais ce qu'on aurait pu vivre
Tout se fixe si vite et l'instant capital
N'est qu'une goutte d'eau surprise par le givre
Qui fera déferler l'obsédant récital

Récital du regret récital du « que fais-je »
Il faut se prononcer parfois là miser gros
Sans toujours pénétrer les règles du solfège
Qui donneraient le La sur tous nos allegros

On sait ce que l'on vit c'est la seule parole
Que l'on peut entonner au moment de choisir
Le sort soumet son pacte et comme un protocole
Il attend signature et tourmente à loisir

On ne saura jamais ce qu'on aurait pu vivre
Si l'on avait chanté différemment les dés
Il faut donc l'oublier puisque rien ne délivre
L'accord dissimulé des hasards décidés

Et louer ce présent revêtu d'espérance
Sur une étoile bleue enfantant la grandeur
Du spleen qui poétise au creux de notre errance
La sève du couchant son intime splendeur...

Sylvie Touam

La vie des autres…

Sur l'écran mitoyen d'un film collégial
S'infiltre là l'écho jusqu'à peut-être entendre
Ou plutôt croire entendre un accord spécial
Résonnant d'un seul corps qui voudrait se comprendre

Quand l'histoire d'un autre effrange la cloison
Vient même se mêler à notre propre histoire
Tout comme une famille une même maison
On partage le script sans futile accessoire

Pour autant l'épisode est toujours projeté
Sur un rempart de sons sur un rempart d'images
Et même en dédoublant tout est interprété
L'existence est ainsi faite de ses ambages

Car c'est lorsqu'en sourdine un générique plaît
Que les imbroglios de la trame contraire
Vont prétexter le mur pour brouiller le couplet
Et qu'au final l'écran n'est là que pour abstraire

On a beau prendre part au sentiment commun
Épouser les frissons rapprocher les vertiges
On longe le réel chacun sur un chemin
Où confluent en exil nos ombres nos vestiges…

Sylvie Touam

L'humanité silencieuse...

Des traces dans la neige attestent du vivant
Dans la paix du silence où l'écho d'un passage
Murmure la beauté d'un accord émouvant
Entre ces destinées qui n'ont pas de visage

La blancheur éphémère ennoblit le reflet
De ce même partage au sein de quelle histoire
Quand l'empreinte de pas se fait là le soufflet
D'une autre solitude où languit la mémoire

Chacun laisse sa preuve un peu de son récit
Durant sa traversée un carnet de voyage
Au miroir détourné l'intime raccourci
Est le contour voilé d'un éclat sans image

Celui qui marche seul croit déposer au seuil
De son cheminement le signe de sa quête
Il est face à lui-même et la brèche est écueil
D'un trucage indistinct que l'écart déchiquette

Une fine poudreuse ouatine le lieu
Dans une intimité qui prend soin du visible
Mais sa beauté fragile est aussi son adieu
Et l'absence est semblable à ce temps si sensible

La blancheur éphémère atteste du vivant
Des traces dans la neige au sein de quelle histoire
Quelle empreinte de pas d'un accord émouvant
Entre ces destinées où languit la mémoire...

« Juste quelques flocons qui tombent... » Antoine

Sylvie Touam

Sans titre

Pollué par la présence de peur
ou d'un antonyme du courage
j'ai escaladé artisanalement
à mains nues écorchures inclues
les falaises immobiles
que les nations premières appelaient envie
j'ai toussé les nuages de smog
fumeur dans l'inconscient utilisable
est ma gorge encore
par des larmes et de pleurnichards
soulageant et rarement audibles
gloussements de sanglots
rouge comme l'amour
qu'il ne soit plus jamais séparé.
Que de rouge mes cordes sont-elles formées
rouge du meurtre de folies indiscrètes
d'égoïsme et de xénophobie
je me donne au rouge,
je me suis donné à lui
je me suis donné à toi
rouge d'effroi, blanc la richesse
blanc de la falaise à qui l'on s'adresse

*

c'est l'attente qui porte en elle les espoirs d'affamés
c'est en recevant que le repos offre de nouveaux rêves
pour rester au lit ou voir se réaliser l'imprévisible éveil
chacun peut être pierre ou cendre au soleil
effrayé du noir des nuits, nos peuples
où chacun peut devenir l'insoucieux esclavagiste
se fracture en colonies de monarchies ou républiques

pour œuvrer sous le marteau d'un juge qui nous
est familier des miroirs en vitre damné(e)s
tout le monde peut se dire cheminant
se dire montagnard à l'escalade de la falaise liberté
qui a choisi sûrement sagement la façade à monter
chaque homme a le droit d'inventer son langage
chaque homme a le droit de comprendre
chaque homme a le droit d'être compris

*

Je ne suis plus là.
Elle me regardait depuis le quai quand le train s'est mis en
mouvement
l'on s'envoyait des baisers
je ne suis plus là
l'image s'est figée
Elle me regardait
et l'on s'envoyait des baisers
le train s'est mis en mouvement
que j'aimerais l'embrasser
encore, là, ou ailleurs
elle me regardait depuis le quai
ses cheveux de lin
l'image s'est figée
l'on s'envoyait des baisers
je ne suis plus là,
je voudrais l'être.

Le train s'est mis en mouvement
j'ai un devoir dû
je ne suis plus là, je voudrais l'être
que j'aimerais l'embrasser
ses cheveux de lin contre ma joue

elle me regardait depuis le quai
quand le train s'est mis en mouvement
l'on s'envoyait des baisers,
je ne suis plus là.
J'en aurai fini
tâche qui ailleurs s'accomplit,
que j'aimerais être là
encore, là, ou ailleurs –
que j'aimerais l'embrasser
ses cheveux de lin contre ma joue,
l'image s'est figée
le train s'est mis en mouvement.

Thibault Jacquot-Paratte

Vent d'amour pour la saint Valentin

Pour ce jour des amoureux
point de marmousets frétillants
mais au nom de saint valentin
l'appariement des oiseaux
semble être le fuseau
qui file l'haleine suave
rien à voir avec le Valentinois
ni l'allusion de chevalier à Valentine
mais d'illustre remembrance
de Bernard de Ventadour
qui n'était pas entre Ariège et Garonne
mais poussa des souffles puissants
dans ses chansons courtoises
comme des rafales ou des réminiscences
l'époque des troubadours n'est plus
mais leur esprit reste vivace
dans ces lais et virelais
font passer de façon lyrique
le grand frisson onirique
il n'est que de se ramentevoir
la chanson de l'alouette
dudit Bernat de Ventadorn
qui de ses mots magiques adorne
ce qui n'a rien d'une supplique
car à la beauté il faut déclarer sa flamme
et savoir déclamer légèrement
pour éviter de se prendre un vent
et si on voit celle-ci osciller
il convient de ne celer à personne d'autre
ses doux sentiments

Thierry Jamin

En haut d'une montgolfière

La surprise céda à la sérénité ;
Seules les fragrances de ces fleurs de l'été
Dans l'air s'élevaient à la nacelle d'osier.
Il respirait le foehn à l'odeur de rosier.

Il se sentait comme le frère du soleil ;
Libre et fier, devenu aux nuages pareils
Vaporeux, léger et lointain, il survolait
Les maisons, voyait les rivières qui coulaient.

Il avait la sensation d'être béni,
Qu'une céleste main l'avait posé ici
Pour qu'il goûte à la paix et au regard des cieux.

Ses poumons se gonflaient de la force du grand vent
L'air puissant des hauteurs le rendait plus vivant,
Lui insufflait la joie de l'éolien dieu.

Alcare

Mettez-vous tout nu
Mettez-vous tout nu
Comme vous ne vous êtes jamais vu auparavant
Regardez-vous bien dedans
Depuis le plus profond, renverser jusqu'à l'extérieur
Regardez-vous le plus opposé
Lorsque cela devient transparent
Imaginez qu'il n'y a plus de poils
Imaginez qu'il n'y a pas une sorte de peau
Pensez que seulement les deux globes de l'œil rouleront
Seuls des tunnels sans fin se déroulent.
Le chemin à parcourir est lointain.

Autant que le bruit calme autours
Autant l'excrément du bœuf aussi engourdi que le silence,
Le pleur, la morve, la toux, et la démangeaison
Le serrement de la gorge
L'intérieur rempli de la voiture
La vitesse qui roule
La chute qui tombe
Le paysage fondu avec les lignes
Autant que l'état irrésistible qui m'isole
Rappelant les grognements enfouis dans la boue
Enterré, enfoncé et enterré
Je compte la nuit qui ne m'endort pas

Lorsque la lune s'allume comme une lampe dans le ciel
Le vent est entré en me brossant les cheveux

Lorsque les étoiles ne peuvent plus se faire gloire de leurs beautés,
J'avale
le plus loin possible
Tenant les chevilles, retenues
Je plie le dos, enfin
Vers le rouge et le sombre

Mettez-vous tout nu
Mettez les gens tout nu
Mettez-moi toute nue !

Yeongseo Jee

Clarenzio allegrissimo

Pour Clarence

Une nocturne musique orageuse t'a donné vie et tu fugues déjà. Te voilà vif comme un libre frater, nu aux yeux d'un curieux parterre, vrai, sans artifice ni fausse pudeur. Cristallin jusqu'à l'âme, les muses protègent ton innocence. Lumière déchirante, Apollon jalouse ton supérieur génie à venir. Aridité des déserts blancs, tes sens violents refusent notre médiocrité. Rapide à saisir l'Univers, tu rechignes à comprendre notre monde. Endormi dans un songe doré, Salomé danse et renonce à te séduire. Nul être sensé ne peut te corrompre. Clarté est ton nom. Énigme est ton signe. Alors je cherche.

Ton pendule oscille entre rire et colère, vie et tourments. Tu déroutes les certitudes, démunis de toute raison ceux qui veulent te saisir en vain. Les esprits purs voient ta puissance et ne savent l'admirer. Je vois ton don et ne sais le déployer. Toi seul détiens le secret et ne veux le dévoiler. Hors de portée, le temps est ton ennemi quand tu chatouilles les sophistes, ton allié quand tu te détournes des sables écoulés. Une voix suave ancre ses vibratos dans nos cœurs attendris et nous voilà à Séville. Alors je chante.

Tu virevoltes sur une planète émeraude. Tes mouvements vertigineux nous mesmérisent. Nos pupilles dilatées accueillent enfin ton être kaléidoscope. Nous nous égarons. Alors tu ris.

Sonnet pour Artemia

De l'âme ronde que tu arbores sans bruit
C'est le pourpre sanglant dont éclate la vie
Que mon cœur sans voix et pris en tenailles
Voit jaillir en toi Ô fruit de mes entrailles

Offrandes aux dieux de l'Olympe repus
Tu es l'intime de la Chasseresse élue
Elle protège ton être des lascifs dangers
Munie d'arc et flèches et paroles acérées

Entre mer Egée et contrées phéniciennes
Entre l'astre cobalt du vif Septentrion
Et les cieux vermillon de la fatale Didon

Seras-tu pour la vie, à tout jamais mienne
Je ne le désire pas, tu es bien trop libre
Il te faut le monde pour apprendre à vivre

Ilhem Khemiri-Rossignol

À l'ombre de mes erreurs

À l'ombre de mes erreurs
Je m'endors d'un sommeil agité.
Agité par le vent des hauteurs,
Hauteurs d'où mon rêve vient de sombrer.

À la lumière de sentiments éloignés
Je me réveille dans un autre univers.
Il me semble avoir tout oublié,
Maintenant dans mon cœur tout est clair.

Sans doute ai-je trouvé la solution,
Sans-doute ce soir mes yeux enfin apaisés
Se cloront sur des images riantes à profusion,
Des images de tournesols et de belles fées.

À l'ombre de mes erreurs
Aujourd'hui je m'endors en paix,
Le matin je n'ai plus jamais peur
Le vent se calme pour mon éternité.

Jean-Marc Percier, 19 janvier 2021

Tes mots simples

Que tes mots simples sont beaux !
On croirait de frêles bagages
Que tu amènes en voyage
Pour aller encore plus haut...
Que tes mots simples sont doux
Comme une plume, à l'évidence
Qui entame une belle danse
Pour rendre les anges jaloux.
Que tes mots simples sont gais,
Comme un enfant qui joue
Comme un paon qui fait la roue
Comme des amoureux en été.
Que tes mots simples sont forts
Tu les écris en t'inspirant
Du bonheur de beaux amants
Découvrant que leur amour est un vrai trésor.
Tes mots simples sont forts
Tes mots simples sont doux
Tes mots simples sont gais
Ils sont beaux, tes mots simples...

Jean-Marc Percier, février 2021

Courage

Prendre son courage
A deux mains
Comme on soulève un lourd bagage
Pour un départ sans lendemains.

Oser faire ce qu'on redoute,
Se lancer sur l'Océan
De tous nos doutes,
Prouver qu'on peut réussir maintenant

Aimer ce qui nous fait peur,
Ouvrir les yeux sur d'autres vérités
Découvrir une nouvelle ardeur
Pour une autre éternité.

Détruire le jouet qu'on a tant aimé,
Quitter les faux-amis
Avec qui l'on a partagé
Beaucoup trop de nos ennuis.

Confier son âme à la gueule du loup
Pour dire ce qu'on n'aime pas,
Et sortir de la vie debout
Au lieu de reculer pas à pas.

Sourire devant la mort,
En croyant qu'elle va fuir,
Aimer l'adversité et en rire,
Percer de flèches ceux qui se croient forts.

Jean-Marc Percier

173

Puisqu'il nous faudra
Encore un peu danser
Sur les berges éclairées
De nos jeunes années
Puisqu'un jour viendra
Où l'on s'envolera
Dans le ciel, submergés
Par les nuages grisés
Puisqu'on n'a pas le choix
Du temps ni de l'endroit
Où nos âmes iront
Glisser dans l'éternel
Je veux nourrir ma foi
Dans les aurores de joie
Sous le grand pavillon
Du soleil qui ruisselle
Puisque la vie saura
Dans nos cœurs oublier
Toutes ces heures passées
A compter les regrets
Puisque le rêve pourra
Jouer de son aura
Pour que viennent composer
Désirs les plus secrets
Je veux encore une fois
Goûter aux chants de joie
Qui embarquent la raison
Et que seuls, m'ensorcellent
Les matins où rougeoie
La lumière que je vois
Entrer dans la maison
De mon âme éternelle

Muriel Odoyer

Je n'aurai pour seul cœur
Qu'un parfum de bonheur
Une île où m'allonger
Quand la vie se défait
Je n'aurai pour amour
Qu'un silence tout autour
Aucune larme de regret
Aucun bruit du passé
Sous le grand arbre mort
J'irai me reposer
Le cœur encore si fort
De vibrer tout entier
Sur les feuilles tombées
J'écrirai bien encore
Des volutes de pensées
Sans donner trop d'efforts
Je n'aurai pour amour
Qu'un parfum de velours
Un endroit où rêver
Sous le grand châtaignier
Je n'aurai pour seule âme
Qu'un souffle qui s'enflamme
Dans l'aube d'un été
Rayonnant de clarté
Sous le vent si léger
Les frissons envolés
Enfin, je goûterai
Le plaisir d'être née
A l'amour qui renaît
Sous les cendres effacées
Sans aucune misère
Éteignant la lumière
Et puis, levant les yeux
Vers le ciel si radieux
Je poserai ma main
Sur mon cœur qui s'éteint

Muriel Odoyer

Je suis un grand silence, une expression sans nom
Perdue dans le néant, sans tambour, ni flonflons
Une juste quintessence, un soupir dans le rond
Des arabesques perdues au nom de la raison
Je suis cette brisure arrachée au matin
Cette envolée lyrique qui n'a pour seul refrain
Qu'une croche posée sur une feuille de satin
Partition de grand jour dont les notes sont sans fin
Je suis un peu de ça, un peu de tout, un peu de rien
Un air qui se survole dans la vallée d'airain
Qu'on entend pas ou plus, caché dans les recoins
Arborescence de sons livrés au grand dédain
De ces marchands d'usure qui comptent leurs boutons
Sur des habits si riches, que la lourdeur du plomb
Les laisse posés à terre, englués au béton
Dans la grisaille des jours qui colle à leurs plastrons
Je suis ce grand silence qu'on épouse dans le plein
De son cœur, de son âme, de son esprit chagrin
Ou dans la joie d'aimer, dans la nuit, au matin,
Dans la lueur d'un jour où le poème s'en vient
Légère envolée dans un monde qui ne croit plus en rien,
Dans un monde qui a perdu le lien,
Dans un monde qui s'est trompé de bien

Muriel Odoyer

Ô Déesse KAA

Et le blanc est blanchit
Le noir encore salit
De cet acte bestial
Ni la peur ni le mal
Ni les cris entendus
Ne seront retenus
Au bout du sexe fétiche
Le mâle est là, debout
La « Négresse » on s'en fiche
Puisse qu'elle est à genou
Soumise, la femme de chambre
Subit l'infâme de chambre

Ô Princesse Africaine
Tu as brisé les chaines
Nous marchons dans tes pas

Ô Déesse KAA

Et le blanc est blanchit
Le noir encore salit
La pauvre est muselée
Par des chiens sans pitié
D'Amérique et de France
S'achètent le silence
Les valeurs et les droits
Sous nos yeux on les broie
Ton blues enraciné
Ô peuple méprisé
Pleure de tout son cœur
Pour chanter sa douleur

177

Ô Princesse Africaine
Tu as brisé les chaines
Nous marchons dans tes pas

Ô Déesse KAA

Et le blanc est blanchit
Le noir encore salit
Devant tant de courage
Et de délicatesse
On va tourner la page
Et taire la faiblesse
Au détour d'une audience
On passe sous silence
La violence et la peur
Et la mort de l'honneur
Justice et liberté
Serez toujours foulées

Ô Princesse Africaine
Tu as brisé les chaines
Nous marchons dans tes pas
Ô Déesse KAA

T. B.

178

En avril

En avril
N'ôte pas un fil
À ta cotte de mailles
Tu as la chair trop tendre
Des louves affamées
Et tes dents ne sont plus que la pointe trop blanche
De tes nuits sans baisers.
N'ôte pas un cil
À tes regards de brume
Tu as les yeux trop grands des enfants étonnés
Les soleils nouveaux nés te réduiraient en cendre
N'ôte pas un cil
À tes chagrins mouillés.
En avril
L'ennui vient pluie à pluie
Te tisser un rideau
De sommeil et d'oubli.

Claudine Candat
(Mon opium est dans mon cœur)

u magu cunosce e notte senza luna
l'intensa lucidezza di u ghjomu
i corpi umani senza anima
u tremulu di u sonniu
l'alitu rossu di l'anghjulu persu
a voglia tremenda di u peccatu camale
u magu sà ciô ch'elli sô l'ochji impernati
u magu sente i mughji di u cimentu

Le chaman connaît les nuits sans lune
Les apparats du jour
Les corps sans âme
Le tremblement du rêve
Le souffle rouge de l'ange déchu
L'envie terrible de la chair brûlée
Le chaman sait les yeux immobiles
Le chaman entend les cris de ciment

Jean-Claude Ettori,
« Ab Eternu »

Ab Eternu

l'Éternité

Une voix qui vous raconte

Ettori de son prénom Jean-Claude, est poète, comédien et chanteur. Spécialiste de la voix, il a obtenu en 2002 le Jupiter d'or à Montréal avec la société Lacroix et Ruggieri.

Francescu (François) Raffalli
Né à Cervione en Corse
Auteur, Interprète chant et voix parlée
Traducteur Français-Corse

Ghjaseppiu (Joseph) Figarelli
Né à Ajaccio en Corse
(originaire de Guagnu)
Auteur, Compositeur, Arrangeur traditionnel, interprète chant, polyphonies, instruments traditionnels : cetera, pivana (flûte en corne de chèvre), pirula (flûte en roseau), Cialammelia (flûte à anche), Rivergula (guimbarde), guitare
traducteur Français-Corse

Tu sais ces cordes de guitares
Qui vibrent dans ce patio frais
Tu sais cette mélodie andalouse
Qui te fait fermer les yeux de plaisir
Tu sais ce sentiment de force et de faiblesse
Plus fort qu'une tempête
Plus fragile qu'une brise
Tu sais cette lueur caramel du soleil
Qui s'en va de l'autre côté du trait
Tu sais ce dédoublement du dehors et du dedans
Tu sais cette envie d'écraser le temps
De l'enfermer
De l'emprisonner
Le mettre en cage
Puis
Le libérer
Le laisser filer
Tu sais ce silence dans nos yeux
Comme un goutte à goutte
Tu sais la nuit
Qui tombe comme une pluie d'étincelles
Tu sais ces bouches
Qui vont s'ouvrir pour respirer enfin
Tu sais dans ce patio
Les cordes de cette guitare vont se taire
Pour nous écouter nous toucher

Jean-Claude Ettori,
« La poésie, c'est comme les cons, ça existera toujours ! »
Éditions Sabine

Au milieu de ce morceau de VIA DOMITIA
À Narbonne
Où tout près
Plus tard
On érigea la cathédrale
J'ai tremblé devant l'Histoire
Et dans l'usure de la roche
Où passaient chars et chariots
J'ai mis mes doigts
Pour sentir les vibrations
Des convois et des pas
Et dans ce froid soleil d'avril
Où nos ombres se dessinaient
Je n'avais pas envie de tenir ta main
Car des fantômes me tiraient de toutes parts
Et je suis parti dans leurs traces
Et je t'ai laissée
Dans ce froid matin d'avril

Jean-Claude Ettori,
« La cité dans les pieds », lxcéa

Dimanche
À la campagne
Dans le lointain
On entend
Une cloche
Un chien aboie
Des fleurs lèvent
Leur visage
Au soleil
Et moi
J'attends

Évelyne Charasse

Elle attend
longtemps
dans son fauteuil en cuir
Elle attend
patiemment
le retour du printemps ?
Elle attend
Je ne sais quoi
Elle attend
En chantonnant
Elle attend
Le prince charmant ?
Personne en fait
Ne sait vraiment
Ce qu'elle attend

Pierre Léoutre

Les auteurs

Éditeur :
Books on Demand GmbH,
12/14 rond-point des Champs Élysées,
75008 Paris, France

Impression :

Books on Demand GmbH, Norderstedt, Allemagne

N° ISBN : 9782322219452

Dépôt légal : avril 2021

www.bod.fr

Photographie de couverture (Pierre Léoutre) : la rue nationale à Lectoure, au petit matin après une nuit de couvre-feu.

Avec le soutien de Dialoguer en poésie,
département autonome de l'association Le 122

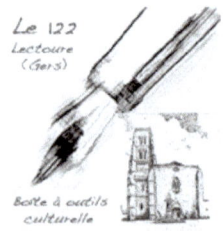

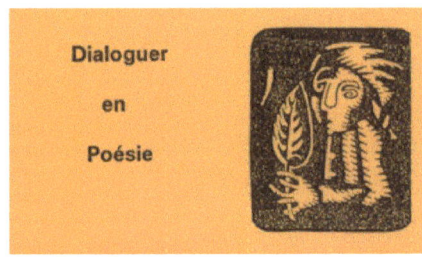